JN324069

恋が叶う人、叶わない人の習慣

齋藤匡章

講談社+α文庫

プロローグ

――ずっと愛される「意識の法則」を知ろう

「今度こそ運命の彼だと思ったんですけど」

「ゼッタイ彼と結婚できると信じてたのに……」

目を真っ赤にして駆け込んできたクライアントが、半べそをかきながら話し出しました。昨夜フラれたばかりだという。見ればたしかに、一晩中泣き腫《は》らした目をしている。

かわいそうに。

32歳になってやっと出会えた「運命の彼」（本人談）と、1年半のおつき合いを重ねてきた。お互いの両親にも会ったし、結婚を前提にしたおつき合いだと信じていた。

「私の一方的な思い込みだったんでしょうか。でも……」

そうかもしれません。あるいは、最初は本気だった彼が心変わりしたのかもしれない。

　確かなのは、一緒に暮らしていく女性として選んでもらえなかった事実。

「どうして？　私の何がいけないの？」と、あたかも目の前の彼に詰め寄るかのように泣きじゃくる彼女が落ち着くのを待ってから、「思い当たる節はありますか」と反発を予想しながらの問いかけに返ってきたのは、意外にも静かな反応でした。

「わかってます。私、こういう別れ方、初めてじゃないんです。今度こそ運命の彼だと思ったんですけど」

　無理に笑おうとする彼女は、原因が自分にあったことに実はちゃんと気づいていたのでした。

男女関係に必ず働く「意識の法則」

人間心理を研究し、人間関係のコンサルティングをおこなう私のもとへは、男女関係に悩む女性からの相談が多数寄せられます。
・男性との出会いをモノにできず、いつも自然消滅してしまう
・深い仲になった途端、彼の態度が冷たくなる

・気になる人がいて、言葉を交わす程度の関係にはなれても、そこから先へ関係を深めることができない　など……

人間関係の中でも最も親密な男女関係には、一定の「法則」が働きます。

それが「意識の法則」です。

私たちは意識で考えたり感じたり行動を決定します。私たちは一人一人違うようで、実は共通点のほうがはるかに多い。お腹いっぱいになれば眠くなるし、ケガをすれば痛みを感じる。好きな人にフラれたら苦しいし、好きな音楽を聴けば気持ちいい。

もちろん、好きな音楽は一人一人違うし、お腹いっぱいでもがんばって動ける人とがんばれない人といったような個人差はありますが、人間である以上、意識の構造は同じなので、基本的な反応は似通っています。

私たちが人間であり、男であり、女である以上、根底に流れる共通のベースがあり、共通の反応がある――私はそれを「意識の法則」と呼んでいます。

本能に近い活動ほど、人としての共通点からくる法則に強く支配されます。

「お腹がすいた」「眠い」など本能的な欲求に対しては、みんな自然と同じ反応をします。

本能から遠くなると、個人差が大きくなります。携帯電話をドコモにしようかソフトバンクにしようか、スマートフォンの機種は何にしようか、といったレベルになると、法則はさほど強くは働かなくなるのです。

「そんなの当たり前だ。電話の機種ぐらい自由意思で選んでいる」と思うかもしれませんが、しかし、実はこのような場合でも、法則から完全に外れるわけではありません。

本人は好みという純粋な自由意思で選んでいるつもりでも、深層心理では「みんなと同じ行動を取れば生存率が高まる」と、種の保存という絶対的な強制力に従って「シェアNo.1のメーカーなら心配ない」という意識が生じていたり、「シェアNo.1になびかず弱者を応援するほうがカッコイイ」と、実は性欲からくるモテ願望が深層で働いていたりする。

このように、私たちのあらゆる活動は「意識の法則」に多かれ少なかれ影響を受けます。本能に近い活動になればなるほど、強烈に。

では、男女関係においてはどうでしょうか？

そう、「性」という最も本能に近い人間の根源から生じる事柄です。

しかも、恋愛は食事や音楽とは異なり、相手がいる対人関係です。共通の法則に影響される存在が増えれば増えるほど、事態はますます法則どおりに動くようになります。

ですから、男女関係においては「法則どおりの未来」が生じやすくなります。まるで不思議な占い師か何かのように「カップルの未来を当てる」ことが可能になるのです。

意識の法則に照らし合わせると、前述のクライアントが「いずれフラれる」のは明らかでした。本人も認めているように、「フラれたのは当然の結果」とわかります。

逆に、何をすればこんなフラれ方をしなかったかの答えも出ていました。「やっぱり意識の法則を本気で勉強して実践しないとダメなんですね」と後悔の言葉を口にしながら、本当に悔しそうでした。

ただし、この法則は、いわゆる他の類書で述べられているような「恋愛テクニック」とは違います。

テクニックとしてお試し気分で使おうとするなら、あなたが今までに試してきたすべての恋愛テクニック同様に失敗するでしょう。

私がコンサルティングをする際に、「どうしてそんなに未来がわかるんですか」と驚かれることがありますが、私は超能力者でも占い師でもありません。私たちが持つ意識の働きを知り、「意識の法則」に照らし合わせて何が起こるのかを的確に予測できるだけです。

また、私の専門は「言語心理学」といって言葉と意識の関係を扱っているので、クライアントが口にする言葉や声を聞き、分析すると、やはり将来像がかなり正確に予測できます。

男女関係に関わる人間心理の専門家として断言しましょう。

恋愛テクニックは、役に立ちません。

駆け引きされても、彼は喜ばない

「恋愛テクニックは、裏目に出ます」

講演会や講座など機会があるごとにこうアドバイスしてきました。長い目で見ると、結局は損をする、という意味です。

「先生、恋愛がうまくいく必勝テクニックを教えてください」

「駆け引き上手になる秘訣ってなんですか」

こんな依頼や質問を受けることがたいへん多い。そのたびに必ずお話しします。

「恋愛テクニックは、裏目に出ます」と。

さらに、続けてこう問いかけます。

「なぜ恋愛テクニックでの駆け引きが役に立たないか、理由はわかりますか」

すると、いろいろな答えが返ってきます。

・女性本人のキャラによってテクニックにも向き不向きがある
・男性だって一人一人違うはず
・恋愛心理学も万能ではない
・そもそも恋愛本の著者が幸せそうに見えない

そうですね。いずれも正解でしょう。

しかし、一番大事な正解は、

・駆け引きされても、彼は喜ばない

これに尽きます。

つまり恋の駆け引き自体、「意識の法則」から外れているのです。意識の法則に従ったやり方で彼を喜ばせないと、恋はうまくいきません。

精神科医・心理学者であるカール・グスタフ・ユングによれば、私たちの意識は深いレベルで相互につながっているといいます。だから、相手が喜ぶことを考えれば好かれるし、嫌がることを考えれば嫌われる。

だから、恋愛テクニックで駆け引きすると、短期的には「うまいことやった」と思えても、長期的に見ると彼に浮気されたり離婚したりして、結局は失敗する。

相手が喜ばないような駆け引きを密《ひそ》かにやって獲得した恋は、どこまで行っても自分本位であり、相手にとっては騙《だま》し討ちのようなものなので、意識の法則が働いて、やがて破綻《はたん》するのです。

愛されるメカニズムをインストールしよう

このような意識のメカニズムについては、講座やメールレッスンで指導してはいるものの、なかなか浸透しません。

「頭ではわかっていたのに、やってしまいました」

「あれだけはっきりアドバイスをいただきながら守れず、先月ついに離婚しました」

「恋愛心理の法則を思い知りました。今、とてもつらいです」

といった残念なご報告をいただくケースもめずらしくない。

おそらく、頭で理解できていても、自分の恋愛となると冷静な判断ができなくなってしまうのでしょう。

恋愛がうまくいくために必ず役立つ「意識の法則」を本書では余すところなく説明します。また、恋愛テクニックによる駆け引きなどではなく、「意中の男性に心の底から本気で愛され大切にされる方法」の理論を説明し、実践できるレベルまで身体に浸透させる「愛されるトレーニング」も併せて収録しています。

愛されるメカニズムをあなたの中にしっかりインストールして、本気で愛されるステキな女性になってください。

では、レッスンを始めます。

平成24年8月20日

齋藤匡章《さいとうまさあき》

恋が叶う人、叶わない人の習慣◉目次

第2章♣愛されるために覚えておきたい6つの大切なこと

第3章♣あの人ばかりがモテる理由――話し方で恋愛運が変わる

第4章♣ずっと愛されるための「色っぽい話」

第5章♣愛される話し方の実践エクササイズ

第6章♣愛され続ける女になるための簡単トレーニング

作家エージェント／アップルシード・エージェンシー（www.appleseed.co.jp）

恋が叶う人、叶わない人の習慣

第1章♣恋愛運の高め方——意外と知られていない「意識の法則」

つまらない男とつき合うかは自分次第
――恋愛運はこうして決まる

勉強家ほど、何も解決できない

「私、恋愛運が悪いんです」

今までどんなにひどい恋愛ばかりしてきたか、クライアントが話し出しました。プロローグで登場したクライアントとは別の女性です。

「足で顔を蹴られるんです。彼が私の収入に頼って働かなくなってしまうから、いつも貧乏で……」

ＤＶ（配偶者や内縁関係者からの暴力）と貧困に苦しむ毎日を、消え入るようなか細い声で告白します。

「牛乳一本買うにも、割引シールの貼られた賞味期限が近い商品しか選ばないから、レジで恥ずかしい思いをする」と言う。

「割引シールの貼られた商品を選ぶなんて、ちっとも恥ずかしくない。賢い買い物でしょう」

フォローのつもりではなく本心から言った私でしたが、彼女はさらに食い下がりました。

「でも、新聞や水道の集金が来ても払えないから、音を立てないように隠れてやり過ごすんです。インターホンが鳴るとビクッとする自分がイヤで……」

同棲する彼は、そんな経済状態でも構わずパチンコをしたり毎晩ビールを飲んだりしてまともに働かず、やがて関係が破綻する——そんな恋愛を一度ならず何度も繰り返していました。

さらには、現在の彼は浮気までするという三拍子そろった苦難に耐えきれなくなり、ついに私のところに相談に来たのでした。

ところで今、「共依存《きょういぞん》」という言葉が頭にパッと浮かんだあなた、要注意です。なにがしかの専門用語で型にはめて「知った気になる」のは、頭でっかちの現代人が陥《おちい》りがちな罠《わな》。

私のところに相談に来るクライアントも、真剣に悩んで勉強しているせいか、「共依存の関係から抜け出せません」「アダルトチルドレンなんです」といった用語を口にする人が多い。

勉強家ほど罠に落ちて、「結局何も解決できない」現状に苦しみ続けます。

大事なのは、そんな状況から抜け出す〈方法〉を「意識の法則」から知ることであって、診断名をつけてもらうことでもなければ、専門用語に当てはめて安心することでもありません。

つまらない恋愛を引き寄せる要因は自分にある

別のクライアントも、タイプは違うものの、やはり恋愛運の悪さを嘆きました。

「つまらない恋愛に嫌気がさしました」

先ほどのクライアントとは逆に、結婚相談所で知り合ったお相手の男性は経済的に安定し、どちらかというと裕福なほうだったと言います。デートをすれば当然のように支払いをしてくれるし、仕事も歯科医という安定した職業だから将来の不安はない。

さすがは結婚相談所でもトップクラスの人気を誇っていた職業だけに（データとして、ではありますが）、「結婚するなら、やっぱりこういう人」と直感した。

ところが――、

「つまらないんです。安定した将来が見えてしまって。こんなふうに言うと贅沢《ぜいたく》と思われるかもしれませんが、正直ちっとも楽しくなくて。安定というより停滞という感じで、生きている実感が少なくなっていく。自分の中から向上心がなくなっていくのを日々感じていました」

成長や向上は、満足感の要《かなめ》です。成長したいという欲求が、ワクワク感や充実感を産み出します。

しかし元はといえば、彼女が指定した条件に基づいて歯科医が選ばれたのですから、彼女の価値観に「まるで死んだように成長しなくなる恋愛」を引き寄せる要因があったのです。

本人の表現を借りれば、「ゆっくりと死んでいくような恋愛」を引き寄せた要因がある。それを取り除かないかぎり、幸せな恋愛はありませんでした。

愛されるのも嫌われるのも「意識の法則」次第

今は例に出した2人とも、充実した毎日をイキイキと過ごしています。はばかることなく「幸せです」と口にし、好きな仕事をして、大好きな男性に大切にされている。

「すべてがうまくいくようになりました」と口をそろえる2人は、笑顔が本当にステキです。陰りのないステキな笑顔は、強がりでもなんでもなく、心底から幸せな証拠。声にも艶《つや》があり、大好きな彼との関係を大切にしている様子が伝わってきます。

この変化は、恋愛運が劇的に向上したためです。

彼女たちは、どうやって恋愛運を変えることができたのでしょうか。

答えは、「意識の法則」に従って行動したから。

プロローグでも説明したように、私たちは意識で考えたり感じたり行動を決定したりします。考え方や感じ方は一人一人違いますが、もともと意識の構造（組成）は誰でも同じなので、共通の性質や反応パターンがあります。

それが「意識の法則」です。

大好きな人に愛されるのも嫌われるのも、意識の法則次第。

愛したり嫌ったりするのは、意識の働きだからです。

すばらしい相手に惚れ込むのも、つまらない男に引っかかるのも、意識の法則次第。

あなたの行動は、意識が決めているからです。

「知らないままだったら今の私は……と思うとゾッとします」と真顔で話していたクライアントもいます。私たちの行動を決める意識、感情を生み出す意識、好き嫌いも作り出す意識とは、いったいどんなものなのでしょうか。

次項では、見えないはずの意識を目で見てみましょう。

一昨日の夕食、何食べた？
――意識を目で見てみよう

ほとんどの情報は無意識下で処理される

「あなたは潜在意識（無意識）に支配されている」

そう言われたら、「そんなことはない。ちゃんと意識的に考えたり判断したりしている」と反論したくなるかもしれません。

しかし、実際に私たちが意識に上らせることのできる情報は、脳が受け取っている情報のうちの0・01パーセントとも0・001パーセントとも言われています。受け取っている情報の大部分が無意識下で処理されている、ということです。

簡単な実験で確かめてみましょう。

今、あなたのお尻は、椅子《いす》と接していますね。立ってこの本を読んでいるなら、お尻を足の裏、椅子を床として以下の文章を読んでください。

お尻は椅子と接しながら、あなたの体重を支えています。したがって、お尻にはかなりの圧力が加わっている。お尻が猛烈に押され続けている、と言ってもいい状態です。なのに、私が「あなたのお尻は——」と言う前は、お尻のことを意識していなかったでしょう。

お尻が受けているはずの刺激（情報）を、あなたは意識に上らせていなかった。私の言葉に反応して、お尻を「意識化」した今、「お尻が猛烈に押され続けている」のが感じられますね。

では、一昨日《おととい》の夕飯に何を食べたか、思い出してください。思い出せますか？　一昨日くらいなら、なんとか記憶を引き出せるでしょう。思い出したら、ほら、早くもお尻の圧力を忘れかけている。

このように、常に膨大な情報を受け取っていながら、意識化できる情報はごくわずか！

意識（顕在意識）の容量は、ものすごく小さいのです。ほとんどの情報が無意識（潜在意識）下で処理されています。これが「潜在意識に支配されている」と述べた所以《ゆえん》なのです。

意識の構造を目で見てみる

それでは、意識（顕在意識と潜在意識）を目で見てみましょう。

といっても、もちろん形のない意識を視覚的に捉えるには、「モデル化」が必要です。19世紀ドイツの物理学者グスタフ・テオドール・フェヒナーは、顕在意識と潜在意識の関係を「海に浮かぶ氷山」にたとえました。

海面から上に出ているわずかな部分が顕在意識、水面下に沈んでいる大きな部分が潜在意識です。心理学の本によく登場するモデルですから、どこかで見たことがあるかもしれません。

氷山モデルよりもっと正確に意識の構造を表したモデルがあります。それが「卵モデル」です。

殻で覆われた鳥の卵をイメージしてください。殻が顕在意識、中身が潜在意識です。割合を考えれば、殻は全体の0・01％足らず。中身がほとんど全部を占めています。

見方を変えると、顕在意識の殻は外からの情報に対する「フィルター」に見えるでしょう。このフィルターの働きで、取り込む情報を取捨選択したり加工したりします。

フィルターの状態によっては、かなり強いバイアスをかけて「解釈」や「判断」をしてしまう。

外からの刺激(メッセージ)がそのまま入らず、弾き返されてしまったり、歪曲《わいきょく》されて取り込まれたりするわけです。

たとえば、道に財布が落ちていたとする。

見つけた瞬間、「ラッキー! 誰も見てないかな」とあたりを見回すか、「あ、大変。落とし主が困ってる」と交番の場所を思い出そうとするか。

目に入る刺激はまったく同じなのに、「棚ぼたのお宝」に映る人もいれば、「誰かの困っている姿」が見える人もいる。

これがフィルター(顕在意識)の違いです。

ただし、顕在意識は固定しているわけではなく、潜在意識の内容が入れ替わり立ち替わり入ってきて形成されます。

「顕在意識(卵の殻)の材料は潜在意識(卵の中身)」ということです。

同じことをしてもらっても、「助かりました。ありがとう」と心から感謝するか、「余計なお節介だ」と内心なじるかは、顕在意識のフィルターで決まる。その顕在意識は潜在意識の中身で決まる。

つまり、潜在意識の中身をいかに良い状態にしておくかが、愛されるか嫌われるかを分けるのです。

これが「意識の法則」を支える基礎です。

意識の法則は「信じる」のではなく「知る」

私自身、意識の法則を知り、潜在意識のパワーを活用しています。

身近にいる人ならみんな知っているように、私がさまざまな夢や目標を次々に形にしているのは、意識の法則に従って潜在意識のパワーを活用しているからです。

「信じている」のではなく、「知っている」のです。

また、ビジネスの世界でも学問の世界でも、成功している人ほど潜在意識に関心を持ち、活用していると言われています。

逆に「心理学？　潜在意識？　なんか怪しい」なんて言っている人は限界が低く、大きな困難を乗り越えて成功することができない。

そういえば以前、あるクライアントから「齋藤先生を信じています」と言われ、「信じてくれなくて結構」とお応えしたことがあります。

今や心理学や言語学は科学的な学問であり、「信じる、信じない」というレベルの話ではない、という理由もある。しかしそれ以上に、「信じていない人ほど、信じるという言葉を口にする」とわかっているからです。

私は潜在意識の力を「信じている」などとは表現しません。

意識の法則を「知っている」からです。

知っている人は、信じているなんて言いません。「知っている」レベルになれてはじめて、潜在意識を活用することができます。

あなたも意識の法則を「知って」くださいね。

「え？　何それ皮肉？」

――愛されるSタイプ、愛されない非Sタイプ

イイ女とイヤな女のタイプ

好き嫌いは潜在意識で決まります。感じ方も潜在意識で決まる。

春に咲き出すビオラの花を見て、「キレイ」だと感じるか「道ばたに花なんか咲いていてもムダ」と感じるかは、潜在意識の中身で決まります。

実はここに怖い「意識の法則」が働きます。

キレイな花に反応できる潜在意識の持ち主は、ちょうどテレビやラジオのチャンネルを合わせたかのように、キレイな花という情報を取り込み、「ますます花に反応しやすい潜在意識」になっていく。

「道ばたの花になんの価値がある？　バカバカしい。タバコでも吸ったほうがよっぽど気分が安らぐ」と感じる潜在意識の持ち主は、タバコという体験をますます取り込みや

すく、花にはますます鈍感になっていく。

澄んだ潜在意識は澄んだ体験を引き寄せ、濁《にご》った潜在意識は濁った体験を好むのです。


この法則により、何もしないで好き嫌いや感性に任せているだけでは、ますます澄んでいく人と、ますます濁っていく人の「意識の二極化」が進んでいきます。

今、さまざまな局面で「二極化」が激しくなっているのを感じませんか？

収入、コミュニケーション能力、やる気、プロ意識、好きな店、余暇の過ごし方、食生活など、何をとっても「多様化」ではなく「二極化」が進んでいる。

この変化は、「意識の法則」からしたら当然の成り行きなのです。

潜在意識のパワーをフル活用できる人をSタイプ、そうでない人を非Sタイプと呼びます（Sは潜在意識を意味するsubconsciousより）。

向上心が強く柔軟に成長できるのがSタイプ、頭でっかちで理屈っぽいのが非Sタイプ。

ずっと愛され大切にされるのがSタイプ、すぐに飽きられてしまうのが非Sタイプ。

仕事や趣味などを長く続けられるのがSタイプ、長続きしないのが非Sタイプ。

イイ女がSタイプ、イヤな女が非Sタイプ。

今、Sタイプと非Sタイプの二極化が進んでいるわけです。

本書でお伝えするのは、「意識の法則」を知って実践できる人になる方法ですから、言い換えれば「Sタイプになるレッスン」です。

彼に愛され、自分も気持ちいいSタイプになりましょうね。

潜在意識はいくらでもキレイにできる

行きつけのカフェで執筆をしていると、隣のテーブルに来た女性が2人、おしゃべりを始めました。


「そのシャツ、明るくていいね」

「え、何それ皮肉？」

「ホントに！　私こういう色使い好きなんだ」

「いいって、別に正直に言っても。派手すぎるよね」


聞いていて、もったいないと感じました。「こりゃ相当な非Sタイプだ」と。

私のクライアントの中にも、「皮肉に受け取って、嫌がられてしまう。人間が皮肉にできているんでしょうね、私は」と嘆いていた人がいたな、と思い出しながら。

「レスポンス」（反応）はコミュニケーションにとって重要な要素であり、潜在意識の内容を強く反映します（レスポンスについては第3章でくわしく解説します）。

とはいえ、生まれつき皮肉屋の人などいないし、潜在意識の内容は生まれつき決まっているわけではありません。経験によって後天的に決まるのです。

潜在意識が澄んでいる人（Sタイプ）は、顕在意識も澄んでいます。顕在意識の中身は潜在意識からやってくるからです。

潜在意識が濁っていると（非Sタイプ）、顕在意識も濁り、心からの褒め言葉を歪《ゆが》めて受け取ったり、ありもしない敵意や悪意を感じ取ったりします。

つまり、「相手の言葉を皮肉だと捉えて嫌がられる人」になってしまったとしたら、生まれつきではなく、経験が入力情報として潜在意識に入り込み、濁らせてしまったせいです。

今からいくらでも戻せますから、安心してください。

澄んだ潜在意識は、愛されます。良い経験を重ねて、上書きしていきましょう。

海外旅行に何回行っても……

――幸せになる投資行動、ならない消費行動

すればするほど幸せになる「投資行動」とは

世の中には、投資行動と消費行動があります。「投資行動の割合が多いほど幸せになる」のが意識の法則です。

といっても、株式や不動産への投資を勧めているわけではありません。

日常の行動が、投資と消費に分かれるのです。

簡単にいうと、お金やエネルギーを使うとき成長するのが投資、しないのが消費です。

「自分を成長させる」のが投資、「その瞬間を楽しむ」のが消費です。

どちらもステキだし、「一瞬一瞬を楽しむことが大事」と言われて真っ向から反論する人はいないでしょうが、消費行動は真の幸せにはつながりません。

「会社帰りに同僚と飲み歩くのが幸せ」と感じている人は、特にこの法則を覚えておくといいでしょう。

刹那《せつな》的な楽しみに時間やお金を使うより、自分を変化・成長させる行動をするほうが、年齢を重ねるにつれて幸せになれます。

職場で上司に叱られた日、あなたはどんな行動を取るタイプでしょうか。

「むしゃくしゃして一杯飲まなきゃやってられない」と居酒屋で上司の悪口や愚痴《ぐち》をこぼしまくる人（消費型）と、まっすぐ帰宅して「叱られた原因となった不手際の改善策を講じる」「次回は叱られないように勉強する」人（投資型）とでは、年々差が開いていきます。

投資は「時間を味方につける行動である」と言えるでしょう。

具体例を挙げます。

勉強するために本を買うのは投資、暇《ひま》つぶしにめくる週刊誌を買うのは消費。

楽器の練習をするのは投資、ＣＤを聴くのは消費。

言葉の講座に出席するのは投資、旅行は消費。

文章を書くのは投資、テレビを観るのは消費。

お菓子を焼くのは投資、お菓子を食べるのは消費。

また同じ行動でも、目的によって投資行動か消費行動かに分かれます。喉《のど》が渇いたからと水を買うのは消費、しかし「軟水と硬水を見分ける能力を身につけるため」に水を買うのは投資です。

投資行動と消費行動を混同すると幸せになれない

水を飲んだりお菓子を食べたりといった例からわかるように、「消費＝悪」ではありません。

生活必需品を買うのだって消費行動ですから（自分を成長させないけれど必要ですね）、善悪の違いではないのです。ＣＤを買って音楽を聴くのだってステキな過ごし方だし、執筆のお供にクッキーがあると嬉しい。

しかし、投資と消費を混同してしまうと、幸せになれないのです。

以前に、「海外旅行に何十回も行ったので、海外の話ができます。講座をやらせてほしい」と私に申し入れがありましたが、お断りしたことがあります。

ご本人は「人がお金を出して聞きたがる特異な体験」を財産として獲得したつもりになっていたのでしょう。

しかし、旅行はあくまで消費行動です。はっきり言って「お金を払ってまで体験談を聞きたがる」ような奇特な人は皆無に等しい。

価値ある財産だと信じているのは本人ばかりで（それは本人の自由ですが）、市場価値は残念ながらありません。

いくらで講座をやるつもりなのかは聞きませんでしたが、旅行会社が発行している500円のガイドブック程度の話はできるのか。できるとしたら、この人は500円の体験を持っていることになりますが、残念ながら多くの場合、市場価値としてはゼロです。

それはそうでしょう。音楽家が長年かけて努力しながら身につけた技術には市場価値があるので、毎月何千円、何万円を払い続けて教わりたがる人はいますが、ただ単に「見た、聞いた、食べた」というお手軽な話にお金を出したがる人がいったいどれだけいるでしょうか。

もしただの旅行の話をおもしろがって聞く人がいるとしたら、それはもともとその話し手のことが好きだからでしょう。

その方は「講師として食べていきたい」とも話していましたが、「旅行の体験に価値を見出しているうちは、質の高い講座はできないでしょう」とお答えしました。

旅行がいけないのではなく、投資と消費を区別して考えないと、自分の市場価値を見誤るし、「年々幸せ」のフロー状態に乗れない、ということなのです。

「1週間の旅行に出かけて楽しんだけれど、もとの自分のまま仕事に戻り、次の休暇を待ち焦《こ》がれながらつまらない仕事をする」よりも、「半日の勉強会でわずかながらも確実に成長できて、日々の仕事が楽しくなってきた」というほうが、満足度としては高い。

前者は「もとの自分のまま」、後者は「成長」している。後者のほうが「意識の法則」にも従っているので、幸せになれるのです。

今、あなたは本書を読んで「意識の法則」を学んでいます。意識の法則がわかり、活用できるようになれば、幸せになります。

つまり、「意識の法則」を学ぶのは投資行動です。

一通り読み終えてからも、暇を見つけては本書をパラパラと眺めてみてください。時間を味方につけることができるようになり、年々幸せになっていくこと請け合いです。

さて、あなたはどんな自分になりたいですか？　どんなふうに愛されたいですか？

次項では、意識の法則を学ぶ効果を倍増させる「トランス」（変性意識状態）についてお話しします。

ただの「頑張り」では変われない
――幸せ体質を作るトランスの秘密

幸せ体質になるタイプと不幸になるタイプ

「まるで正反対だ……」

同じ出来事に対して、こんなにも違う反応が起きるのか――そう驚いたシーンがありました。ある飲食店で、スタッフに「見送り」をしてもらえなかったことに対する私のクライアント２人の反応です。

飲食店でお客さんを「屋外まで出て見送る」なんて、あまりに特殊なケースです。一人数万円もするような食事をしたって、よくてエレベーター前まででしょう。外まで店員が出てくるのがそもそも「特別」なのです。

Ａさんは、外まで出て見送りをしてくれるこの店のホスピタリティに感激していたからなのか、ある日見送りがなかったときにいたく失望したばかりか、匿名《とくめい》でその店に電話をかけて不満をぶちまけた。特別とも呼べるサービスを「受けて当たり前」と感じるようになっていたのでしょう。

Bさんは、やはりいつも見送りに感激していた一人ですが、ある日見送りがなかったときは、「よほど忙しいのだろう。大変だなぁ」とスタッフを気遣っていました。「同じように長い時間、ステキな笑顔で働くなんて、私にはできないから」と微笑《ほほえ》む姿はとっても魅力的でした。

Aさんは不幸になっていく人の共通点を持っていて、Bさんは逆に、年々幸せになっていく女性の共通点を持っているのです。

ホメオスタシスが変わりたい自分の邪魔をする

心理カウンセリングで統計的に有意な傾向が得られるほど多数のクライアントを診ていると、幸せ体質になれるタイプの共通点がわかってきます。

褒められたときや叱られたときなど刺激に対する反応、生活習慣、考え方、会話中の表情、話し方、声のトーンなどです。

「ずっと愛されたいならメイクより声」

「会話を弾《はず》ませたいなら、一文の切り方にコツがある」

などといったポイントが幸せ体質になれるタイプのコツとしてあります。それを、知識として頭で理解するのは簡単です。

しかし、知識として獲得できたレベルでは、まだ使い物になりません。もともと自分の考え方であるかのように、自分の中から自然に出てくるようになって、やっと愛されるようになります。

「○○らしいね」では不十分、「○○なんだよ」になったら本物です。「話し方のポイントは声らしいよ」では、まだまだ入門レベル。「話し方のポイントは声なんだよ」という台詞《せりふ》がさらっと出てくるようになったら、ようやく本物と言えるでしょう。

ところが、です。

ホメオスタシス（恒常性）という性質が心身にあって、変化を妨《さまた》げてしまいます。ホメオスタシスとは現状をキープしようとする働きで、本来は私たちの安全を守り健康を保ってくれる機能です。

たとえば、気温が高く体温が上がりそうになると、汗をかいて体温を下げようとする。体内に病原菌などの異物が侵入すると、やっつけて排除しようとする。このように変化を嫌って元に戻そうとする機能を「ホメオスタシス」と呼びます。

そのせいで、がんばってもなかなか変われず、気づけば元のままの自分が努力すらやめている——。

ホメオスタシスとは、言い方を変えれば「現状維持装置」ですから、変わりたいと思って努力しても、馴染《なじ》んだ以前の自分へと引き戻そうとする力が強力に働きます。

イソップ物語に出てくる「すっぱいブドウと甘いレモン」の話をご存じですか。甘いブドウが欲しかったキツネは、高い枝に実って届かない甘そうなブドウを悔しそうに見上げながら、「ふんっ、あんなもの。きっとすっぱいに決まってる」と吐き捨てる。そして、簡単に手に入ったレモンをかじりながら、「ああ、甘いなあ、このレモンは」と強がります。

このように、すでに手に入っているものを過大評価し、手に入れるのが難しそうなものを過小評価する感覚も、ホメオスタシスの働きです。

ただの「がんばり」では変われない。どうしたらホメオスタシスの引力を断ち切って、愛される新しい自分へと変身できるのでしょうか。

愛される秘訣は「トランス」にあり

その答えは、「変性意識状態」（トランス）を身につけることにあります。

変性意識状態とは、「今ここ」の現実から意識が離れている状態のこと。

読書をしたり映画を観たりしているときは、「今ここ」を離れて物語の中へと意識が飛んでいますね。だから、浅いレベルではありますが、今この本を読んでいる状態も変性意識状態です。

楽器の演奏に没頭しているときも、変性意識状態。催眠はさらに深い変性意識状態。

私が指導を担当している講座では、必要に応じて最も深いレベルの変性意識状態（深度トランス）まで誘導します。

この深さのトランスになると、顕在意識が後退して潜在意識が剝《む》き出しになった、きわめて特殊な意識状態になります。深いトランスなら顕在意識が邪魔をしないので、「なりたい自分」をスムーズに実現することができます。

本書の最終章（トレーニングの章）で、自力でトランスに入るトレーニングをご紹介しますから、ぜひマスターしてください。

そろそろ「愛されるイイ女になる手順」が見えてきましたね。

1．愛される秘訣は「意識の法則」であると知る
2．「意識の法則」に則《のっと》った考え方や行動を学ぶ

3．深い変性意識状態（深度トランス）に入って潜在意識を書き換えていく

この手順を踏まえて日々を過ごし、トレーニングも続けたら、必ず「愛され女」になれます。

次の第2章では、ずっと長く愛されるためのポイントを6つ取り上げますから、しっかり覚えてくださいね。

第2章♣愛されるために覚えておきたい6つの大切なこと

なりたい自分を本気で演じる
――①自己イメージの築き方

愛されるためには口癖を変えよう

前章では、「意識の法則」の基本をざっと見てきました。

第2章では、幸せになれる恋愛にとって〈大切なこと〉を6つ取り上げます。

いよいよ恋愛運を高める「意識の法則」の世界へと歩みを進めていきましょう。


「……って言っちゃいけないんですよね」が口癖《くちぐせ》のクライアントがいました。

「正直なところ、今の彼とはうまくいかない気がするんです」と口に出してから、直後に「って言っちゃいけないんですよね」と付け加える。

「こんな私を本気で愛してくれるとは思えなくて……って言っちゃいけないんですよね」

「捨てられる前に、私のほうから諦《あきら》めたほうがいい気も……って言っちゃいけないんですよね」

気分に波があって、調子が悪いときにこの口癖が出てきます。

意識の法則を学んでいるので、「心から本気で思っていることは、今は違っても、やがて潜在意識が実現していく」という法則を知っているからこその口癖です。

「口に出せば、自分の潜在意識に対する命令として、時間をかけて実行される」と知っているから、言葉には気をつけている。それでも、意識コントロールの技術が伴わず、思考をコントロールしきれない。トランスの技術も低かった。

だから、言い訳のように「……って言っちゃいけないんですよね」と言い続けていたのです。

うまくいっているように見えたその彼との関係でしたが、結局は彼女の言葉どおり、5年ほどで終焉《しゅうえん》を迎えました。

本当に愛されるためには、つまり深く長期的に愛されるには、体型や服装、化粧の仕方よりも、ふだんの口癖のほうがはるかに大切です。

人は、なりたい自分になれます。

もっと正確に言うと、「こうなるだろう、と考え続けたものに、気づくとなっている」のです。

「アツアツの恋愛関係なんて長くは続かない」と思っている人の恋愛は、遠からず冷え切ります。

「夫婦関係なんて5年も一緒にいればマンネリ化する」と信じている人の夫婦関係は、やがて必ずつまらないものになります。

それが「意識の法則」だからです。

あなたは自分のことをどんなふうに考えていますか？

どういう人間だと思ってきましたか？

根本から変わるには時間がかかります。年単位でかかります。

たとえば、10年単位で考えてみましょうか。

今のあなたは、10年前から今日まであなたが考えたことの結果です。ここ10年間の自己評価が、現在のあなたをつくったのです。

「はぁ」とため息をついて後悔している場合ではありませんよ。

今あなたが考えていることが、10年後のあなたをつくるのですから。ため息なんかついていたら、10年後もまたため息をつく結果になるのです。

今、「よしっ、これから生き方を変えるぞ」と前向きになったあなたは、10年後にはプラス思考の塊《かたまり》になっています。本当に愛される女になっています。

どんな自分になりたいですか？　映画を観ているよりリアルに、臨場感たっぷりにイメージしてください。

10代の生き方が、20代に出ます。20代のがんばりが、30代に出ます。

だから、今が大事なのです。なりたい自分のイメージを、今から本気で演じましょう。

最悪の事態を想定してはいけない

最悪の事態を想定していると、本当にそうなります。

「どうせ私のことなんかどうでもいいんでしょ」と拗《す》ねて気を惹《ひ》こうとしていると、数年後には本当に「どうでもいい」と思われ、きっと別れている。

「いつかフラれるかもしれないと思っていれば、実際にそうなったときにショックが小さい」という具合に、気持ちに保険をかけたくなるのはわかります。

しかし、潜在意識的な観点からすれば、この方法はあまりに愚かです。

せっかく本書で勉強しているあなたには、ずっと心から愛される女になってほしい。

だから、きついこともズバリと言いますよ。

気持ちに保険をかけるのは、愚策なのです。

本当はあなたもそろそろ気づいているのではありませんか？　そうやって「いつか起こるかも」と恐れていた状態や出来事のほとんどが、やがて現実になっていることに。

それが「意識の法則」であり、あなたを支配している潜在意識の特性です。

「今夜は彼が抱いてくれたらいいな」と本当は思っていながら、実現しなかったらショックだからと、「触れてくれなくてもいい」と思うようにしている人がいます。

そんなことをしていると、いつの間にか「触れてほしくない」という気持ちになってしまいます。

潜在意識が本気にしてしまうのです。

そうなったら、もうおしまい。潜在意識はその勘違いを現実化しますから、彼には二度と触れてもらえません。

ポジティブな内容だろうが、ネガティブな内容だろうが、まったくお構いなしに、リアルにイメージしたことを実現しようとするのが潜在意識なのです。

いいですか？　ショックを和《やわ》らげたいばかりに、最悪の事態を想定してはいけませんよ。

3年後に「なりたい自分」になろう

では、早速ポジティブなことをイメージしてみましょう。

彼が優しくしてくれたときのことを思い出してください。

過去にあった出来事ですから、簡単に思い出せますね。

彼とケンカしたこととか、彼がほかの女性と仲良くおしゃべりしていたシーンなんて、思い出してはいけませんよ。

本当に愛されるイイ女は、そんなネガティブな出来事に執着したりしません。彼の立場になって考えれば、どんな女性と一緒にいるのが気持ちいいか、わかりますね。

では、今から3年後、あなたと彼が同じように仲良くしている様子をイメージしてみましょう。上手にできないとしたら、潜在意識を上手に使いこなす習慣が身についていないからです。

わざとネガティブなことを考える習慣がしみついているのでしょう。

思考は習慣化するものなのです。

「私って嫉妬《しっと》深いんです」と言う女性がいます。

そういう人は、男がもともと生物学的な理由から浮気っぽいことを理解していても、それを自分の中でうまく処理できず、「ウエイトレスの脚に見とれていたのは、私の脚が太いからだ」「行きつけの店でバレンタインのチョコをもらって嬉しそうなのは、私に対して不誠実だ」などと、自分を卑下したり相手を責めたりする習慣があります。

そんな、自分にとっても相手にとってもプラスにならない思考が出てきたときには、思考を切り替えることが大切です。

ネガティブな思考をいつまでもいじり回していると、ネガティブなことを考えながら過ごすのが習慣になってしまいます。

その結果が、今のあなたを形成しているのです。

「さあ、ポジティブになって」と言われても、一朝一夕《いっちょういっせき》にできるわけではありません。

長期的に考えましょう。まずは3年後のあなたを魅力的にしていきましょう。

魅力的な考え方をしていれば、3年後のあなたはもっと魅力的になります。執念深い考え方をしていると、3年後のあなたは——。

「なりたい自分の姿」を魅力的に思い描きながら、気持ちよく過ごしましょう。

イイ女に不可欠なもの

——②正しい知識を身につけよう

フライドポテトを「離乳食」にする母親

某ハンバーガーショップを訪れたときのこと。

赤ちゃんを連れたお母さんたちのグループがおしゃべりしていました。

そこで信じがたい光景を目撃。なんとフライドポテトをスプーンでつぶして何かの液体で練ったものを、赤ちゃんに食べさせているのです。

「ちょっと待て！　知っているとは思うが、こういうハンバーガーチェーンでは揚げ油がかなり古くなるまで使っているから、大人ですら頻繁《ひんぱん》に食べたら危ないんだぞ」

国が国なら虐待の容疑で逮捕されかねないシーンです。

もう何年も前ですが、「1ヵ月間毎日、ハンバーガーショップで食べ続けたらどうなるか」という挑戦を撮り続けた映画がありました。毎日、毎食、ハンバーガーとポテトを食べに通うわけです。それもスーパーサイズ（特大）のドリンクつきで。

はじめのうちは「毎日食べていいなんて、幸せ〜」と嬉々《きき》として通っていた監督兼主演俳優でしたが、数日で突然の嘔吐《おうと》が起こり、さらには体調不良、精神状態の悪化などの異常を生じていました。

検査では血中脂質の値《あたい》が異常に高くなっていましたが、内部（ハンバーガーショップのスタッフ経験者など）から漏れ聞こえる訴えでは、「古い油」もそうとう危険なレベルだと考えたほうがよさそうです。

健康な大人であれば、月に1回くらいのペースで食べても心配はないでしょうが、赤ちゃんはダメでしょう。

子どものうちに食生活が乱れると、免疫力が低下し、病気になりやすくなります。

自然治癒力が致命的なレベルにまで低下している子が増えているという話も聞きました。怪我《けが》の治療で縫合しても、自力で皮膚などの組織を修復する力がないため、糸を抜くとまた傷がぱっくり開いてしまうというのです。何度縫い合わせても、またぱっくり開く。「地獄ですよ」と医師は嘆いていました。

赤ちゃんや子どもには、正しい食生活を選ぶ能力も知識もないのですから、教えるのはお母さんの大事な役目です。

安全で安心な食べ物は、少々値が張るかもしれない。だとしても、安いからといってハンバーガーショップで集まっておしゃべりしながら「フライドポテトの離乳食」はダメでしょう。

コーラか何かで練ったフライドポテトをスプーンで赤ちゃんの口に運ぶお母さんを見て、腹立たしくなりました。

「喜んで食べるからいい」「好きならいい」わけではない。「好みを教える」のも親の大事な仕事なのです。

いつでも好みを優先させればいいわけではない

「子どもはみんな違うんだし、生まれつき個性があるんだから、親の考えを押しつけないで、本人の好みを優先させたほうがいい」と主張する人もいます。

確かに、それは多様性を尊重した柔軟な考え方かもしれません。

親が「ピアノを習わせたい」と思っているのに、子どもが「バイオリンがいい」と主張したら、子どもの好みを優先させてあげるほうがお互いに幸せかもしれません。

でも、「食後はお茶じゃなくてタバコがほしい」と子どもが言い張ったら、それも個性だと火をつけてあげますか？

「生まれつきタバコが好きなの」と娘が主張したら、「生まれつきなら仕方ない」と納得しますか？

好みは潜在意識の内容によって決まります。

潜在意識の内容次第では、ネガティブなものを強烈に好む場合があります。そのような例は、暴力性や性的傾向に顕著に現れます。

とくに性的傾向は、あなたの魅力アップにとってきわめて重要な要素です。

ギャンブル好きや酒癖の悪い男など、問題の多い男ばかり好きになったり、嫌気がさしながらも別れられない女性がいます。

そういう女性は、酒癖の悪い男を好む性質を生まれつき持っているのでしょうか？

いいえ、もちろんそんなことはありませんが、実は難しいところなのです。

「酒に酔っては暴力をふるう男と一緒にいても、決して幸せにはなれません」と言われて、「そうなんですか。それじゃ彼と別れます」と簡単に決断する女性はいません。それどころか「私がなんとかしてあげないと」なんて考えてしまう。

冷静に分析すれば、「この人といても、お先真っ暗」とわかっていながら、冷静になれないのが男女の仲ですよね。

なぜ、冷静になれないか。

顕在意識ではなく、潜在意識から〈好み〉が出てくるからです。頭で考えて好き嫌いを判断しているのではありません。

だからこそ、幸せになりたいなら、ふだんから潜在意識を浄化して、幸せになれるような〈好み〉が自然に出てくるようにメンテナンスしておく必要があるのです。

これが「潜在意識のメンテナンス」です。

いつでも好みを優先させればいいわけではありません。男女の関係や性的な事柄については、とくに注意が必要です。

偏りのある性的知識はないほうがマシ

正しい知識のない子どもには、正しい選択なんてできません。

本能的に「良いものを選び、悪いものを避ける」のは野生動物には備わっている能力ですが、人間はそんな能力をとっくに失ってしまいました。添加物てんこもりのピザをちろっとなめてみて、「やばいっ」と感じて放り出す、なんてことを子どもに期待してもムダです。

性的な事柄についてもまったく同じことが言えます。ありとあらゆる性的情報が身のまわりにあふれ、「何を選ぶかは自己責任」です。

でも、子どもの頃に〈正しい選択〉を教わっていないのですから、大人になったら自然に嗅《か》ぎ分けられるようになるなんてことはありえません。

なにしろ、すでにさまざまな情報を潜在意識に突っ込まれて、好みや感覚そのものが歪《ゆが》んでいますから、感覚に頼って正しいものを選択するのは事実上不可能です。

しかも、潜在意識は不適切な性的情報によって汚染されやすく、潜在意識が汚染された人は他人から本気で愛されることはありません。

つまり、いろいろな性的情報に触れることで、将来的に自分の首を絞めていることになるのです。

個人レベルで考えても損だし、人類全体にとっても怖いことです。

信頼できる情報ソースを厳選しましょう。

性的情報については、不適切なものが混じるくらいなら、まったくないほうがマシ。「性的な知識がものすごく豊富で、でもなかには問題のある偏《かたよ》った知識も含まれている」くらいなら、「性的な知識がまったくない」ほうがずっとマシなのです。

まっさらなキャンバスに、これからステキな絵を描いていけますから。

また、多くの女性は、同性の先輩や友だちからの知識を鵜呑《うの》みにしてしまう傾向があります。学生時代にそんな覚えがあるでしょう？

〈経験豊富な先輩〉の話は、３つの理由から非常に危険です。

まず、ごく限られた個人的な経験を普遍的な事実と勘違いしてしまう。それに多くの場合、先輩本人が勘違いしている。

次に、なぜか同性の先輩や友だちは「短期的には男に注目されてモテるが、やがて男に嫌がられたり長期的に持続できなかったりする」ような扇情的な行為をあおる傾向がある。女同士の妬《ねた》みと見栄《みえ》が関係しているようです。

そして３つ目として、そういう先輩は得てして声が大きい。つまりおしゃべりで影響力が大きいのです。

知識は必要です。ただし、あなたの潜在意識に好影響を与えてくれるような知識を厳選しましょう。

「年をとるにつれて女の魅力が低下するのは仕方ない」という考え方の持ち主が多いのは、残念なことです。残念というより、もったいない。

私の読者や受講者が、「年をとるにつれてどんどん魅力的になっているのがわかる」「毎日が充実していて、楽しい」「以前に感じていた漠然とした不安がなくなりました」といった報告をくれるのは、ちゃんと理由があるのです。

知識は大切ですが、今よりも３年後、３年後よりも10年後、どんどん魅力をアップさせてくれるような知識を増やしていきましょう。

本当の「モテる」とは？

――③男女差からくる感覚の違いを知る

許せば許すほど、身体の価値が下がる

性的な悦《よろこ》びに関心を寄せる女性が増えています。

もともと、本物か偽物かを問わず、性的な絶頂らしきものが体験できている女性はそれほど多くありません。

しかも、今まで「私は気持ちよくなれている」と信じていた女性自身の信念まで揺らぎ始めています。自分が経験しているのは本物の悦びではないようだと、なんとなく感じ始めているのです。

私のメールマガジンの読者の報告からも、その変化の波がどんどん大きくなっているのがわかります。

これは、良い変化です。

アダルトビデオを教科書にして育った男性から「こういうことをしてもいいんだ」と妙な行為を押しつけられたり、〈経験豊富な先輩〉から「男ってこういうもの」「キモチイイってこんな感じ」と個人的経験を吹き込まれたりして目が曇っていた女性たちが、やっと覚醒《かくせい》し始めたのですから。

ここ数十年で、性的な成熟を目指す女性たちの進む方向に、歪《ゆが》みが生じてしまいました。

「本気で心から愛する男にどっぷりのめり込んでいく」という本来の性的成熟の方向に、「男性経験を増やしてもいい」という誤ったノイズが入ってきたのです。

もちろん、そんな女性ばかりではありません。しかし、低年齢層の女の子たちに貞操観念の低下が見られるのは事実です。

これは、「愛する男性に触れることで、その男性に合わせてなじむように心身ともに変化していく」という女性の性質を考えると、きわめて憂慮すべき事態です。ここに問題意識を持っている女性があまりに少ない。

でも、最近になって、問題意識を強く持つようになった女性が急激に増えているように感じます。

なぜ問題意識を持つようになったのか。

おそらく検証が済んだからでしょう。

長く愛され、幸せを感じるにはどうしたらいいのか。この問いに対する答えを求めて試行錯誤してきた女性たちが、ようやく「少なくとも男性経験を増やす方向は間違っている」と気づき始めたのでしょう。

身体を許せば許すほど、身体の価値が下がる。

この市場経済の基本を、男はみんな知っていましたが、女は認めたがりませんでした（でも、ちゃんと知ってはいました）。

男が女の数を自慢し、ほかの男がそれを羨《うらや》ましがっているのを見て、女も同じだろうと考えたのかもしれません。

つまり、女が男の数を自慢すれば、女たちが羨ましがるだろうと。

ところが、そうはならなかった。

女たちから白い目を向けられただけでなく、男たちからも嫌がられた。このことは、男と女の根源的な違いから生じています。この事実を正しく認識することは、潜在意識の基本です。

でも、残念ながら多くの女性がこの事実を正視できない。

痛みを伴うからです。

私が詳しく説明するよりも、あなた自身に考えていただきましょう。そうすれば、誰もがもともと知っていたのだと確認できるはずです。

では、質問です。

ある男がたくさんの女と寝たとします。彼はなぜ、たくさんの女と寝られたのでしょうか。今度は、ある女がたくさんの男と寝たとします。彼女はなぜ、たくさんの男と寝られたのでしょうか。

正解は示さずにおきましょう。わかるはずですから。

この男女差こそ、男と女の根本的な違いを表しているのです。

「寝ないと相性はわからない」のウソ

このような男女の違いがあるからこそ、女は男に身体を許すまでに、ものすごく慎重に行動します。

単純化してしまえば、相手の男にとっての自分の価値は、知り合ってから寝るまでの時間に比例するからです。

「簡単に手に入るものは価値が低い」と感じるのは、意識の法則によります。

ですから、自分をできるだけ高く売り込むためには、肉体関係を結ぶまでの期間をできるだけ引っぱる必要があります。その期間中に「この男は私が愛を捧げるに値《あたい》する人間だろうか」と見定めるのです。

「私が寝たいかどうか」ではありませんよ。セックスはそんな軽い行為ではありません。「私が愛を捧げるに値する男かどうか」です。

身体の関係なしのデートを半年でも1年でも繰り返しながら、いつまでもあなたを追い回す男性は、あなたに本気です。

「そんなに引っぱったら、私のことをあきらめて、別の女に走りそう」と心配ですか？

そうなったら、そこまでの男なのです。あるいは、厳しい現実ですが、あなたにそこまでの魅力しかない。どちらにしても、あなたと彼は魅力の点で釣り合いませんから、いつか破綻《はたん》を迎えます。

身体を許してしまうと、痛手は女性のほうが大きいのです。

先ほどの話から、わかりますよね。

女性としては、男とくっついたり離れたりを何度も繰り返しているわけにはいかない。そんな経歴は自分にとって損であり、価値を下げると本能的に知っているからです。

だから、男選びに慎重になるのです。

慎重に相手を選び、本当に愛せる人を見つけるのが先です。本物の悦びは、本当に愛している人との交わりでしか経験できません。

「寝ないと相性はわからないのでは？」

いいえ、女の能力をなめてかかってはいけません。寝ないで相性を見抜くことくらい、潜在意識が澄んでいる女性にとっては朝飯前なのです。

駆け引きの恋では短期的にしか勝てない

もうひとつ、男女差からくる感覚の違いを挙げておきましょう。

恋愛テクニックに走ると「短期的には勝ち、長期的には負け」になります。狩猟本能を持っている男性は、駆け引きで落とされるのを嫌うからです。

女性は、相手の男性が〈恋の駆け引き〉をしようとしているのを知ると、「そんなに私がほしいの？」「もうかわいいんだから」と好意的に受けとめることができます。

男性は、相手の女性が駆け引きをすると、「イヤだな」と感じます。

「だったら、相手にバレないようにやればいいんでしょ？」と思ったあなた、意識の法則を甘く見てはいけません。

潜在意識の世界では、駆け引きなど児戯《じぎ》に等しいのです。しょせん顕在意識レベルで必死に画策しても、潜在意識レベルではすべて相手に伝わると思ってください。

バレていないと思っても、単に相手が「意識化」していないだけで、潜在意識下で伝わっていますから、やがて「なんかイヤな女だ」「本気で愛せない」という彼の気持ちとなって顕在化してきます。

怖いですか？　でも、逆に考えれば、ここに「愛される秘訣」が隠れているのです。

「意識の法則」に従った愛し方をすれば、必ず彼はあなたの愛に応えてくれます。あなたが駆け引きやテクニックで相手をコントロールしようとするのをやめないかぎり、彼は条件つきでしかあなたを愛しません。

駆け引きやテクニックで男を夢中にさせようなんて、そんなレベルは早く卒業しましょう。そのレベルにいるうちは、幸せも心の平安も訪れません。あなたも経験済みでしょう？

潜在意識から変われば、見せかけだけでなく、本質から変化します。だから、長期的な勝利を収めるのです。

技巧に走って、表面的なつき合いで一喜一憂するのではなく、あなたの深い部分で彼とつき合いましょう。

イイ女は中までキレイ

——④愛されるために内言語を磨く

潜在意識は「内言語」でチェック

イイ女は「内言語」がキレイです。

声に出したり文字に書いたりする「外言語」に対して、考えたり感じたりしているときに頭の中に浮かんでいる言葉を「内言語」と呼びます。

外言語と内言語は、必ずしも一致しません。浮かんできた内言語をそのまま口に出すとは限らないからです。

待ち合わせの相手が遅れてきたとき、内心では「また遅刻？　いい加減にしてよね」と思っていても、口に出たのは「大丈夫。私も来たばっかりだから」だったりする。

それ以前に、口には出さずに内言語の状態のままあれこれ言葉をいじくり回すほうがずっと多いのです。

少々の社会性があれば、言葉を選んでオブラートに包んだり本音をぐっと飲み込んだりするので、「加工された外言語」が出てきます。

だから、潜在意識が澄んでいるかどうかは、内言語で診断するしかない。

「内言語は外に出ていないのに、どうやって診断するの？」

そこです。内言語は頭の中に浮かんでいる言葉ですから、本人が自己診断するしかありません。自分に厳しく、自分の中をチェックするのです。

口では同じように「地震の被害に遭ってかわいそうに」と言っている2人でも、1人が心の中でも泣いていて「手伝えることはないかな」と思い悩み、もう1人が「私が被災しなくてよかった」とホッとしていることは、それぞれ本人にしかわかりません。

愛されるのは、外言語ではなく、内言語です。

内言語は期待が大きいほど濁りやすい

サプライズ（思いがけない贈り物）は嬉しいものです。

予告もなしにいきなり「はい、お誕生日のプレゼント」と何かを渡されたら、それがなんであれ嬉しいですよね。

サプライズが嬉しいのも、期待という内言語に関係があります。

想像して、比べてみてください。次の3つのうち、どのケースが一番嬉しいですか？

1．「今度の休日にうなぎが食べたい」と彼に頼んだら、連れていってくれた
2．頼んでもいないのに突然「明日、うなぎを食べに行こう」と言って、連れていってくれた
3．彼に頼んだら、いったんは承知してくれたのに、しばらくしてから「今、うなぎは価格が高騰しているから」と言って、代わりにうなぎの粉末を使ったお菓子「うなぎパイ」を1枚くれた

1は期待に応えてくれたケース、2は期待していなかった願望を叶えてくれたケース、3は期待を大幅に下回ったケースです。

1も悪くはありませんが、やっぱり2が最高でしょう。3は圏外……。個人的にはうなぎパイは好きで、よく食べていますが。

なぜ1よりも2のほうが一般的に喜びが大きいのか。

それは、〈期待〉という内言語に関わりがあります。

期待していない場合より、期待がある場合のほうが、一般的に喜びが減ります。

それでも、期待に応えてはもらったのですから文句を言う筋合いではないのですが、「言ったから、してくれた」という部分がどうしても意識に残ってしまうのです。

ところが、本当に問題なのは「期待に応えてもらった場合」ではありません。「期待に応えてもらえなかった場合」に生じるネガティブな感情が問題なのです。

「○○してくれるかも」という内言語が原因となり、相手の行動が引き金となって、「○○してくれなかった。ひどい。私のことを大切に思ってくれていない」というネガティブな内言語が生じます。

思いがけない贈り物が嬉しいのと同様に、期待していた水準が満たされないときの落胆は、期待が大きければ大きいほど甚《はなは》だしくなります。

その結果、内言語が濁《にご》ってしまうのです。

子どものように、純粋に願い喜ぶ

だとすると、がっかりしてしまうのは、期待する側に責任があるのでしょうか。

論理的には、そういうことです。でも、それでは身も蓋《ふた》もない。大切な人との関係で、相手に何かを期待するのは自然な気持ちです。

「期待しないで待ってるね」なんて台詞《せりふ》も聞かれますが、この台詞を口にすること自体、すでに期待しています。「期待はしているけれど、プレッシャーは感じなくていいからね」という気遣いと捉えるのが妥当でしょう。

期待が〈がっかり〉につながるのは、〈要求〉が生まれやすいからです。

期待が要求に変わると、どうなるか。

相手に応えてもらって当然、という内言語を生み出します。要求に応えてもらえないと、がっかりします。相手を責める内言語さえ生じます。

想像してみてください。

あなたが怪我をして入院したとします。恋人である彼がお見舞いに来てくれなかったら、がっかりするでしょう。ということは、たとえお見舞いに来てくれたとしても、「嬉しいには嬉しいけど、まあ当然かな」という気持ちがあるわけです。

では、唐突ですが、総理大臣がお見舞いに来てくれたらどう感じますか？

あなたが総理大臣の支持者やファンであろうとなかろうと嬉しいでしょうし、なにより恐縮してしまうでしょうね。

では、さらに聞きますよ。あなたが入院したのに、総理大臣がお見舞いに来てくれなかったら、がっかりしますか？

「もちろん、がっかりだ」と答えた方は、総理大臣の家族だけでしょう。

たいていの人は、がっかりなんてしない。もともと期待していないから、要求もない。

どうですか？　総理大臣が来てくれたら、あなたは大喜び。なのに、恋人が来てくれても、「嬉しいけど、まあ当然かな」という思い。

この差はいったい……。

あなたにとって、彼よりも総理大臣のほうが大切な人だから？　違いますよね。〈要求〉という内言語の違いです。

本来、プライベートな関係では、どんな行動をとるかは自由です。恋人がお見舞いに来るかどうかは、恋人の自由です。

あなたが40度の高熱でうなされているとして、ご主人が「今日はゴルフだ」といって出かけることも、ご主人の自由です。

あなたがデートに期待して、ドキドキしながらシャワーも念入りに浴びたのに、彼が触れもせずにデートが終わったとしても、彼の自由です。

その前提を忘れて、無意識のうちに要求をしてしまいがちです。

要求されていると感じられると、要求に応えなくなります。

たとえば、「抱いてほしい」とあなたが感じたとします。そのとき、「私が求めれば抱いてくれて当然」という気持ちがあなたの中にわずかでもあったら、あなたを抱きたがる彼の気持ちを抑制してしまいます。

簡単に言うと、彼にとってあなたとの性的な関わりが「重くなる」。これが「内言語で愛されたり愛されなかったりする」メカニズムです。

大切な人に期待するのは自然な気持ちですが、感謝を忘れないようにしましょう。要求と感謝は反比例するものだからです。

「ありがとう」と口に出せば十分なわけではありません。それ以前に、内言語としての「ありがとう」が意識の中に浮かんでいることが大切です。

子どものように純粋に願い、喜びましょう。

抱いてもらえなかったことを、まだ根に持っていませんか？　手に触れてくれたことへの感謝を忘れていませんか？　今日、あなたの大切な人に「ありがとう」を伝えましたか？

気づかないうちに汚染されている

——⑤性的な浄化は愛されるために不可欠

ニュースにもポスターにも含まれるポルノ

あなたは今日、どんなポルノ（性情報）に触れましたか？

「え？　そんな、ポルノなんて見ていません」とムキになって否定する人もいるでしょう。

もしかしたら「ポルノ」という言葉を聞いて、アダルトビデオとか、どぎつい描写が中心の小説とか、インターネットのアダルトサイトなどをイメージしているかもしれません。

でも、ここではもっともっと広い意味での性情報を考えてください。

朝のニュースでやっていた「三角関係のもつれによる殺人事件」も性情報であり、昨夜のドラマで聞いた「あの子と寝たんでしょ」というセリフも性情報です。

その根底にあるものが〈性〉を同一の源《みなもと》としているからです。

そう考えると、なぜかビキニを着た女性が、バイクにまたがって雑誌の表紙になっていたり、ビールジョッキを手にしてポスターになっていたりするのは、もろにポルノです。扇情的に腰を振るようなダンスも、起源をさかのぼればわかりやすいポルノです。

現代の日本に生きている以上、あなたは毎日ほぼ確実にポルノに触れています。

露骨なポルノもあります。アダルトサイトやレディースコミックなどがそれです。

控えめなポルノもあります。性にまつわるニュースや恋愛ドラマなどがそれです。

巧妙に隠蔽《いんぺい》して、サブリミナル効果を狙ったポルノもあります。モデルに色っぽい表情をさせたファッション雑誌や化粧品のＣＭなどがそれです。

ポルノをすべてひっくるめて「良くない」「撲滅せよ」と主張しているのではありません。

もちろん「良いものだから積極的に見ましょう」とも言いませんが。

あらゆる物事と同じように、良いものも悪いものもあります。

怖いのは、あなたが気づかないうちに、性情報が潜在意識にするりと忍び込み、考え方や感じ方に影響を及ぼしてしまうことです。

ポルノ依存症はコカイン依存症より怖い

コカインという麻薬があります。

映画で観たことがあるでしょう。白い粉を鼻からスッと吸い込む、あの麻薬のことです。

コカインに特徴的な中毒症状がどんなものか、聞いたことがあるでしょうか。皮膚と筋肉の間に虫が這《は》い回るような感覚が起こる〈皮膚寄生虫妄想〉です。想像したくもないですね。そんなの昆虫好きの私でもイヤですよ。

脳への影響も大きく、まともな判断がほとんどできなくなり、人間として生きることを放棄するようになるのです。

ところで、米国ではインターネット上のポルノが非常に問題視されています。インターネットによってポルノ配布の効率が飛躍的にアップしたせいで、悪影響の大きいポルノが蔓延《まんえん》しやすく、しかも自分でブレーキがかけられない若者世代のほうがインターネットの利用率が高いからです。

米上院の委員会でポルノの問題が取り上げられたとき、ペンシルベニア大学認知療法センターのメアリー・アン・レイデン博士は次のように証言しました。

「コカインは体外に排出できるが、ポルノは長く記憶に残るため、ポルノ依存症はコカイン依存症よりも回復しにくい」と。

あなたが電車の中吊り広告でポルノ的な刺激に触れただけで、あるいはパソコンの画面にポルノ画像がちらっと表示されただけで確実に影響を受けてしまい、その影響はコカインよりも取り除きにくいということです。

「ポルノはコカインより怖い」なんて、考えたこともないでしょう。

「本当にそんなに怖いの？　信じられない」という人もいるかもしれません。

でも、潜在意識への影響を考慮するなら、ポルノはコカインよりもはるかにタチが悪い。あなたの奥深くへと浸透し、考え方や感じ方、気分などに影響を及ぼします。

ポルノに触れた日の夜は、快感の質が明らかに低下したり、どうしても達することができなくなったりといった報告も枚挙にいとまがありません。

「ドキドキ興奮するから、気持ちよくなれるんじゃない？」と勘違いしてしまう人がいるのは無理もないのですが、心も身体も正直にポルノの悪影響を受けてしまうのです。

悪い情報はさらりと流す

性情報の悪影響が深刻なのは、気づかずに侵入を許してしまうせいです。

正しい知識があれば、必要以上に性情報にさらされるのを避けることができます。ガードしたり、さらりと流したりできるからです。

正しい道を知っていれば迷わないし、道を間違えたときは自分で気づきます。道を知らないと、迷っていることにすら気づきません。

ドラマを観ていて、「今のセリフは望ましくない性情報を含んでいる」と気づけるだけでも大違いなのです。

潜在意識トレーニングは、生まれてから現在までのさまざまな経験によってつくり出されてしまった性的なひずみを少しずつ修正します。その結果として潜在的な能力が最大限に発揮されて、可能な限り大きな快感を得る能力が開花するのです。

次のような自覚のある人は、自分の中にある性的な感覚を書き換えていくと、愛されるようになります。

・性的な情報に多く触れてきた気がする
・下ネタで盛り上がることに抵抗感がない
・心から望んでいないセックスを繰り返したことがある
・複数の男性と並行してつき合ったことがある

・わりと短期間で肉体関係を結んでしまう傾向がある
・明らかにネガティブな刺激に対して、性的に興奮することがある
・性そのものに対してマイナスイメージがある

性を汚いものだと感じていても、「いいえ、性はキレイなものなんですよ」と言われて納得したがっている人がいる。でも、性はキレイとか汚いとか、そういう基準で好んだり嫌ったりする対象ではありません。自分の存在の根源です。

たとえば「手」について考えてみてください。

手は、すごくステキなこともするし、汚いこともします。微笑《ほほえ》ましいこともするし、イヤなこともする。正しいこともするし、間違ったこともします。

手はいろいろな顔を持っているし、いろいろなことができます。手の本質を「キレイか、汚いか」のどちらかに決めることなどできません。

性も同じです。

「性って、本質はすごくドロドロして汚いものなんだよね」なんてネガティブな捉え方をする必要はありませんし、「性は本当は動物的で汚いものなんだ」なんて考えることは動物に失礼です。

性はあなたの存在の根源であり、あなたの中に「存在する」ものです。性的な刺激は、ときにはあなたの魅力を高め、ときには麻薬よりも怖い影響を及ぼします。内言語と同じように、あなたの中を「性的にキレイ」にしていきましょう。

太っているせいでフラれたって本当？

――⑥魅力の「蜜」が出る女になろう

蝶や蜂は色に惹かれる

「太ったらフラれたんだよね～。ひどいと思わない？　でも悔しいから痩せて見返してやろうと思って」

「そうだよ。ゼッタイ見返してやんなよ」

カフェの隣のテーブルにいた、鼻息の荒い女性の2人連れでしたが、おもしろいのは2人ともすごい勢いでケーキにパクついている――。

この様子だと、ダイエットは確実に失敗するだろうし、次の恋も怪しいなあ。

アゲハチョウは赤に惹かれ、モンシロチョウは黄色に惹かれます。そうなるように本能という潜在意識にプログラムされているからです。

だから、アゲハチョウを呼びたい花は赤くなり、モンシロチョウを呼びたい花は黄色くなります。花だって、ちゃんと考えているのです。

花にとまった蝶は、蜜を吸います。花にとまって、おいしい蜜を味わいます。

アゲハチョウが赤に惹かれ、モンシロチョウが黄色に惹かれるのは本能です。その色が、どうにも抗《あらが》いがたく魅力的に見えるのです。

では、花ではなく、赤や黄色の紙きれだったらどうなると思いますか？

なんと、蝶はちゃんと寄ってくるんです。特定の色に反応する本能ですから。

ただし、ここからが花と違うところ。色のついた紙にとまってみて、「蜜がない。花ではない」とわかった途端、飛び去ります。

まあ、当たり前のことですが。

蜜がないので蝶にフラれる

「やっぱりかわいい子はトクだよね」なんて言ったり聞いたりしたこと、ありませんか？

「そんなことないよ。女は外見じゃなくて中身だよ」なんて言ってはみても、心のどこかで疑っている自分がいる。

だから、口では「中身を磨きたい」と言いながらも、家で密《ひそ》かに雑誌の「男の目を惹くメイク特集」を読んでしまう。

色っぽい下着にも、密かに興味をそそられる。デートのときに身につける「勝負下着」を買ってみたりもする。

「男は短いスカートに弱い」なんて話を聞くと、ふだんは「男に媚《こび》を売るような生き方はしたくない」と強がっていても、大切なデートのときはなぜか微妙に短めのスカートに手が伸びる。

そして、ケーキをほおばりながらもダイエットに余念がない。

いいのですよ。その方針は間違ってはいません。花が赤くなったり黄色くなったりするのと同じなんですから。でも、思い出して。ただ赤いだけ、ただ黄色いだけの紙きれが、なぜ蝶にフラれたか。

蜜がないからです。

外見的な要素のせいで男は去らない

最高にキレイな赤を発色しても、蜜がなければただの紙きれです。フラれるのは当たり前。

それはそうです。蝶にしてみれば、いくらキレイな赤だとしても、蜜のない紙きれでは、おいしくも気持ちよくもなんともない。

蝶に言わせれば「騙《だま》された。詐欺《さぎ》にひっかかった」でしょうね。

あなたが外見を磨いて、好きな男の気を惹くことができたとします。

彼はあなたに蜜があるかどうかを確かめます。おいしい蜜がたっぷりあれば、彼はずっとあなたのところにいます。蜜が乏《とぼ》しかったり、見せかけの蜜しかなかったりしたら、彼はあなたから離れていきます。

ここを勘違いしてはいけません。

蝶がいったんとまった紙きれから飛び去るのは、赤い色に飽きたからではありません。いったんとまってしまえば、もう色なんて関係ないのです。

蜜がないから飛び去るのです。男が女から去るときも同じこと。

顔に飽きたから、胸が小さいから、太っているから、髪が短いから……そんな外見的な要素のせいで去るのではありません。

「私が太ってるから、フラれたんだ」と言いながら、必死にダイエットする女性がいます。

ダイエットのモチベーションを高めるための方便なら、そこそこ有効です。でも、

「太っているから、フラれた」と本気で信じているとしたら、またいつか同じ目に遭《あ》うでしょう。

魅力的な蜜を作らずに色だけ塗り替えても、今度は別の蝶がいったんとまってみるだけで、また必ず飛び去るからです。

本当の中身はいつかはバレる

一般的に「モテる」と言うとき、「たくさんの蝶が集まる」ことを意味します。

でも、紙きれは蝶に愛されません。

当然です。本能に従って近寄ってはみたものの、愛するに値する蜜が見つからなければ、愛しようがない。

チヤホヤされることと、ずっと愛され大切にされることは、まったくの別物です。

花と紙きれの例からもわかるように、色がキレイなことと、蜜がおいしいことは、まったく別の問題なのです。

蜜がないまま、あるいはおいしくない蜜のまま、魅力的な蝶がとまってしまったら、どうなると思いますか？

花としては「超ラッキー！　もう最高に幸せ」と浮かれるかもしれない。

必死に外見を磨いているうちは、「たとえ蜜なんかなくたって、とりあえず蝶にとまらせてしまえば、あとはなんとかなる」と思っているものです。

でも、実際にとまってしまったら、そこからが不幸の始まりです。本当の中身がいつバレるか、いつ飛び去られるか、いつもびくびくしていなければなりません。

そして必ずいつかはバレる。

いいですか？　蝶を呼ぶのは色ですが、蝶に愛されるのは蜜ですよ。トレーニングで「蜜の出るイイ女」になりましょう。

さて、第2章では、ずっと長く愛されるためのポイントを6つお話ししました。

良い自己イメージを持ち、それにふさわしい知識を獲得し、男女の違いを知り、内言語を美しくし、性的にキレイになり、蜜を出す——。

すると、どうなるか。

ずっと愛され大切にされるにふさわしい〈中身〉が育ってくるのです。

次の第3章では、その〈中身〉がすべて現れてしまう、ある意味怖い行動を取り上げます。

それが「話し方」。

話し方には、すべてが表われてしまうのです。どんな話し方ができるようになれば、愛されるのでしょうか。

第3章♣あの人ばかりがモテる理由——話し方で恋愛運が変わる

どんな言葉を使うかで魅力が一変
――モテる文末、嫌われる文末

「あげた」を「くれた」に置き換える

男性とのコミュニケーションでは、言葉が大きな役割を果たします。あなたの使う言葉が、彼を気持ちよくもさせるし、気分悪くもさせます。

あなたがどんな言葉を使うかによって、あなたの魅力が一変するのです。

花火を見に行ったとき、浴衣《ゆかた》を着た清楚な女の人を見かけたとする。

あなたはその人に、憧《あこが》れに似た気持ちを抱きました。「ステキだな。あんなふうにしっとり艶《つや》っぽくて浴衣の似合う女になりたいな」と思いました。

ふと、その人が友人に話しかける声が聞こえてきた。

「あー腹減った。なんか食いに行かねえ？」

もう台無しですね。なんだか浴衣が薄汚れて見えます。

言葉には、使う人の好印象を徹底的に破壊する力もあるのです。もちろんステキな使い方をすれば、魅力が一瞬で倍増します。

本章では、「話し方」について一緒に考えてみましょう。

人は気分によって、心の中から出てくる言葉が変化します。明るい気分のときには、明るい言葉が出てくる。イライラしていると、乱暴な言葉が出てしまう。

これはわかりやすいですね。

でも、実は逆の関係も成り立ちます。使う言葉によって、気持ちが影響を受けるのです。

粋《いき》がって乱暴な言葉を使っていると、気持ちがだんだん荒《すさ》んできます。やわらかい言葉を使うように心がけていると、気持ちがどんどんやわらかく色っぽくなっていきます。自分本位な言葉を使っていると、自分本位な考え方になりがちです。

「バレンタインデーにチョコをあげたのに、お返しもくれない。大損こいたよ、まったく」

このセリフの「あげた」の部分を「受け取ってくれた」という〈相手本位語〉に入れ替えると、どうですか？

「バレンタインデーにチョコを受け取ってくれて……」

ほら、「お返しもくれない。大損こいたよ、まったく」がつながりにくいでしょう。

「受け取ってくれた」という言葉に置き換えただけで、たとえ瞬間的にでも相手の立場に立つことになります。だから、一方的に攻撃する姿勢になりにくいのです。

攻撃的な女性は、一番モテませんからね。

相手本位の表現を使う

「彼にプレゼントをあげた」「彼がプレゼントを受け取ってくれた」

この2つの表現は、どこがどのように違いますか？

何を基準にするかによって、さまざまな見方ができます。「字数が違う」とか「主語が違う」とか……。今は、コミュニケーションという観点から見てください。

前者が〈自分本位〉、後者が〈相手本位〉になっているのがわかりますか？

まあ、主語の違いに近い。

前者は「あげる」という自分の行動にしか触れていませんが、後者は「受け取る」という相手の行動に言及しています。

だからといって、後者が相手のことだけを見ているのかというと、そうではありません。最後を「くれる」で結ぶことで、結局は自分の立場を表明しているのです。

「彼がプレゼントを受け取った」と比較すれば明らかですね。

相手本位の表現を使うように心がけていると、愛されるようになります。なぜなら、人は〈自分のことを大切にしてくれる人〉を大切に思う性質があるからです。

これを心理学用語で〈好意の互恵性〉と言います。

「（私が）会いに行った」ではなくて、「（彼が）会ってくれた」と言ってみましょう。「海に連れていかれた」ではなくて、「海に連れていってくれた」。

言葉には出ていなくても、「万障繰り合わせて会ってくれた」「私のために連れていってくれた」という感覚があなたの中に残ります。そして、意識するかしないかとは無関係に、彼に対する感謝が生まれます。

すると、不思議と彼があなたを大切にしてくれるのです。

〈相手本位〉を「相手の都合だけを考えて、自分を殺す」のだと勘違いしてしまう人がいます。

そうではありません。自分の気持ちを無視した自己犠牲ではなく、「相手の気持ちになって考えてみる」という、コミュニケーションでもっとも大切で基本的な姿勢です。

気持ちいいコミュニケーションになるから、愛されるのです。

言葉はほかの何よりもあなた自身を表す

「女を落とした」という表現があります。

男女が肉体関係を結んだときに、男の側から発する言葉です。

男の側からすれば、「巧みに誘い込んで、やり遂げた」という感覚から「落とした」と言いたくなるわけですが、実際には女性が同意しています（同意がなかったら犯罪です）。

男性が「落とす」のではなくて女性が「落ちてくれる」のです。

もっとも、「昨夜、彼女が落ちてくれてさぁ」なんて、なんだか冴えないセリフですが……。

おもしろいことに、女性側から「男を落とした」という言い方はしませんね。少なくとも違和感があるでしょう。

なぜだと思いますか？

女性にとって、セックスが二人の関係のスタートだからです。男性にとっては、〈ある局面の終焉《しゅうえん》〉を意味します。

本当はそこから大切な関係がスタートするんですけれどね。

でも、良し悪しは別に事実として、多くの男性はセックスが成立した時点で「何かを成し遂げた」と感じます。

女性はどうですか？　初めて深い関係になった瞬間に「何かが終わった」とは感じないでしょう。「これで新しい関係が始まった」と感じますよね。

なぜかというと、セックスはもともと生殖行動であり、生殖における男女の役割を考えれば、男の役割はそこで終了するのに対して、女の役割の重大な部分はそこからスタートするからです。

だから、女性が「男を落とす」なんて表現を使うと、「〈女〉を大切にしていない女なんだな」という感覚を彼の潜在意識レベルに与えてしまいます。

どんな言葉、どんな表現を使うかによって、あなたがどんな考え方の持ち主なのかが相手に伝わります。

「メイクがもっと上手になりたい」「服をもっとステキに着こなしたい」と日夜修業に励《はげ》む女性は多いのに、口から出る言葉には無頓着な人が多い。

言葉は、メイクよりも服装よりもずっと雄弁に、あなた自身を語りますよ。

男は「差別化」に弱い

――「彼を愛する私」の作り方

恋愛は差別化がすべて

あなたの焼いたたこ焼きを彼が食べています。
あなたなら、次のうちのどちらをより嬉しいと感じますか？

1．「やっぱりお好み焼きよりたこ焼きだよね。大好物なんだ」と言いながら、ぱくぱくほおばっている

2．「どうしてキミの焼くたこ焼きはこんなにおいしいんだろう」と言いながら、ニコニコしながら食べている

大好きな彼があなたのたこ焼きをぱくぱく食べてくれたら、嬉しいでしょうね。

でも、2のほうがもっと嬉しいのではありませんか？

1も2も、比較をしています。1はお好み焼きとたこ焼きの比較、2はあなたとほかの人たちの比較です。2のほうが嬉しいのは、あなたが特別扱いされているから。

これが〈差別化〉です。

恋愛では、差別化がすべてといっても過言ではないくらい、相手との良好な関係に大きな影響を及ぼします。

この差別化が上手にできない〈差別化不全〉には、2種類あります。

差別化がまったくできていないケースと、差別化が不適切なケースの2種類です。

たとえば、過去に誰かから「キミは笑顔がステキだね」と言われて嬉しかったあなたは、バイト先でお客さんに明るい笑顔を振りまいています。もちろん彼にも同じ笑顔でニッコリ――。

これは差別化ができていないケース。

「どうしてキミのつくるたこ焼きはこんなにおいしいんだろう。過去につき合った女もみんな上手だったけど、キミが一番だね」

これは差別化が不適切なケース。

差別化不全は恋愛を破壊します。恋愛は差別化がすべてなのです。

あなたは大切な彼だけを特別扱いしていますか？

ふだんから「彼を愛する私」を育てる

差別化は、常に彼のことを意識していてはじめて成功します。

本心ではないのに、口先だけで「どうしてキミのつくるたこ焼きは……」なんて言われても、空《むな》しく響くでしょう？　潜在意識レベルでは、声の色合いや表情などの微細な変化によって、ちゃんと伝わってしまうのです。

ですから、テクニックに走ることなく、まずはあなたの内面で彼の差別化を図ることが大切です。

彼だけをしっかり愛していますか？　あなたの中で彼を特別扱いしていますか？

特別扱いというのは、心の中に複数の男性がいて、その中で彼だけは特別、という意味ではありませんよ。

心の中に彼だけが〈男として存在する〉という意味です。

この盲目的状態こそが恋愛です。

ほかの男性と比較して、「彼のほうが優しいから」「彼のほうが少しお金持ちだから」なんていうのは、恋愛とはいえない。

いつでもあなたの中に彼がいる状態が恋愛です。

彼と一緒に過ごしているときだけ「大好き～」とやってもダメ。なぜなら、「人は考えたことでできている」からです。

ふだんから〈彼を愛している私〉を育てていくことが大切なのです。

何かにつけて彼のことを口にする

一般的に男性は、顕在意識であなたの気持ちを理解するのが苦手です。「もう、男って鈍いんだから」とあなたが思うのも、このことが大きな理由なのです。

潜在意識にはちゃんと伝わっているのだからいいのですが、それでもやはり彼が意識できる形で表現してあげましょう。

そのためには思いだけでなく、言葉での差別化を図るのです。その際の注意点は2つ――。

1. ほかの男性と比較しない
2. 何かにつけて〈あなた〉と口にする

1つ目の原則については、先ほどの説明でおわかりですね。相対的な評価は、恋愛における正しい評価ではありません。

男性はプライドの生き物ですから、褒めるのは良好な人間関係にとって有効です。でも、ほかと比較しての評価はむしろマイナスになります。

知的な人ほど、「とにかく○○が好き」という絶対的な評価をしたがりません。「あれに比べたらこっちのほうがいいけれど、この点だけはあっちのほうが優れている」なんて相対的な評価をする習慣が身についています。

でも、愛するのに論理的な理由などいりません。思いっきりえこひいきしましょう。

2つ目は、実際に〈あなた〉という言葉を使うわけではありません。いつもの呼び方で、彼のことを何かにつけて言葉にするのです。

あなたは彼と一緒にいるとき、どのくらいの頻度で彼のことを口にしていますか？

その頻度こそ、あなたが彼を大切にしている度合いの指標であり、すなわち彼に愛される度合いの指標なのです。

本能を刺激する「やまとことば」

――彼への想いの伝え方

やまとことばは本能に訴える

次の台詞のうち、どちらの表現が恋愛にふさわしいと思いますか？

「あなたなんて嫌い！」

「あなたのことを嫌悪しています」

考えるまでもないでしょう。わざとオーバーな台詞を選びました。

前者は恋愛関係にある相手に向けて発せられる可能性のある台詞ですが、後者は恋愛関係どころか人間関係が消滅してしまう台詞です。

２つの台詞の違いを端的に表すなら、〈嫌い〉というやまとことばと、〈嫌悪〉という漢語の違いです。

〈やまとことば〉とは、漢語やその他の外来語に対して、日本固有の言葉を指します。

漢語や外来語は知的な刺激となり、やまとことばは情緒的な反応を引き出すといわれています。「漢語は脳を、やまとことばは心を刺激する」といえるでしょう。やまとことばは本能に訴える、ともいえる。

ですから、恋愛関係を良好にしたいなら、やまとことばを多用することです。愛を語るのは、やまとことばでなければいけません。

たとえば次のような言葉。

「たのしい」「うれしい」「すき」

それがこんな言葉だったら、どうですか?

「気分が高揚している」「満足を実感している」「情愛の感情を自覚している」

気持ちがストレートに伝わりません。

やまとことばは私たちの遺伝子に根づいている言葉です。

漢語は、極端な言い方をすれば(それほど極端でもないのですが)外国語です。関係の遠い外国語同士を比較すると、単語をなんらかの記号と置き換えるのに等しいほど無関係に感じられます。だから、たとえば「好き」や「楽しい」を漢語的に表現するということは、「好き＝1」「嬉しい＝2」などと数字で対応させておいて、この数字でコミュニケーションをするのに等しいのです。

「私のあなたに対する気持ちは1」「それを聞いてオレの気持ちは2だ」

これではぜんぜん盛り上がらない。愛を語り合うのは無理でしょう。

ただ、純粋なやまとことばしか使わない生活は、現代の日本人には難しい。それに、言葉は変化しますから、そもそもやまとことばと漢語の厳密な区別も不可能です。

ここではラフに「ひらがなで話す感じ」程度に捉えると良いでしょう。

「ひらがなで話す感じ」で伝える

夫や恋人と話すときは、なんとなく「ひらがなで話す感じ」で、やわらかくおしゃべりしましょう。

漢語の使用率が高い人は、「あの人は、頭はいいかもしれないけど、友だちになりたくない」とか「知的な人だけど、個人的につき合うのはちょっと……」という印象を持たれやすい。

「感謝します」と言ったって、気持ちがぜんぜん通じません。やはり「ありがとう」でなければならないのです。

「陳謝します」なんて言ったって、ぜんぜん申し訳なさそうに聞こえません。「ごめんなさい」という言葉が自然に出てこないと、心からは許してもらえない。

そうそう、やまとことばは情緒に訴えるので、ネガティブな言葉はよりネガティブに響きます。ちょっと注意が必要ですね。

「汚染度が高い」と言うのと「きったないなぁ、これ」と言うのとでは、なんとなく後者のほうが汚らしい感じでしょう？

「掻痒《そうよう》感がある」と言うよりも、「かゆくてかゆくて」と言うほうが、かゆみがこっちまで伝わってきそうでしょう？

いずれにしても、やまとことばには「情緒に訴える」性質があるので、「これはちょっとネガティブな響きが強いかな」と感じたら、別の表現を探すといいでしょう。

さあ、大切な人にやわらかく話しかけましょう。

漢語は想いを伝えにくい

やまとことばは耳で聞いてわかりやすく、漢語は目で見て理解しやすい体系です。

この違いは、やまとことばになじみやすい平仮名《ひらがな》が〈表音文字〉であり、漢語を表記する漢字が〈表意文字〉であることから来ています。

先ほどの例を使うなら、「あ〜、かゆい」なら耳で聞いてわかりやすいのに対して、「そうようかんがある」なんて聞いても、頭の中でうまく漢字変換できないことがありますよね。

ですから、親しい人との音声コミュニケーションで漢語を多用すると、通訳を挟んでいるような、あるいはパソコンで正しい変換がなかなか出てこないような、そんなもどかしさがあるのです。

「そうようかん？　装用感……違うな、えーと掻痒感か、あーはいはい、かゆいんだね」

漢語には同音異義語がたくさんあって、話し言葉では意味が通じにくい。意味が通じにくいのでは、伝えたい想いも伝わりません。愛を語るのに漢語は不適切だとわかりますね。

通じる言葉を使いましょう。やまとことばを多用して、愛されましょう。

声は最大の武器

——メラビアンの法則で愛される

ステキな声で話す人は5倍以上モテる

良い話をする人と、ステキな声で話す人、どちらがモテるか知っていますか？

答えは、「ステキな声で話す人のほうが5倍以上モテる」。

5倍という数字には根拠があります。米国の心理学者アルバート・メラビアンの実験により、「声は人の印象の約4割を決めるが、話の内容はわずか7パーセントにすぎない」と判明したのです。

もう少しこの実験を厳密に見ると「声と言葉のメッセージに食い違いがある場合、どちらがどのくらい重視されるか」を確かめるための実験ですから、「良い話をするが、声がダメ」な人と、「話はバカっぽいが、声がステキ」な人だったら、どちらがどのくらいモテるか、と置き換えられます。

その答えは、「話はバカっぽいが声がステキな人のほうが、5倍以上モテる」。

中身を磨こうと努力するのがバカバカしくなりますか？　「不公平だ〜」と嘆きたくなるかもしれません。

頭を使って必死に良い話を考えたり、勉強してネタを仕入れたりするより、ステキな声で適当な話をしていたほうがモテるというのですから。

しかも、5倍以上！

でも、心配は要りません。声は生まれつき決まっているわけではなく、トレーニングでいくらでも変わります。

それに、鍛えていない声は30代半ばから急激に老けます。タバコやアルコールの影響を受けると、さらに老化が早まります。

つまり、勉強やトレーニング、メンテナンスの努力をした人だけが、何歳になってもモテ声を保つことができるのです。

不公平どころか、シビアなほどに公平でしょう。声に注いだエネルギーの分だけ、長く濃くイイ思いができるのですから。

視覚刺激よりも聴覚刺激は長持ち

メラビアンの法則以外にもう一つ、恋愛や人間関係に役立つ「声の性質」を挙げましょう。

見た目は飽きたり慣れたりしますが、声は効果が無限に続きます。

視覚刺激に比べて、聴覚刺激は長持ちなのです。

子どもの頃、好きなアイドルのポスターや写真にドキドキして、天井に貼って夜な夜な眺めていたかもしれません。

しかし、見れば見るほど慣れてきて、感動が薄れたはず。何カ月経っても見るたびに腰を抜かしたり失神したりしていたら身が持ちませんから、慣れてしまうように脳ができているのです。

一方、好きな音楽は何十回、何百回と聴きまくっても魅力が褪《あ》せない。

「この部分を聴くとゾクッと鳥肌が立つ」という感動のパッセージには、何十年経っても同じようにゾクッとくる。

私はつい先日、ドヴォルザークの交響曲「新世界より」を聴いて、10代の頃と同じように、いえそれ以上に感動し、鳥肌が立ちました。

もう通算で何百回聴いたかしれないのに。

逆に、黒板を爪でひっかく音には、マイナスの意味で鳥肌が立ちます。慣れてくれたら楽なのに、何百回聞いても慣れてくれないのです。

これが聴覚刺激の特徴です。

見た目は、インパクトは強くても「新鮮さが命」の賞味期限つき。

声は威力の衰えない、一生使える武器。

こんなすばらしいものをすでに持っていながら、「美人は得だよね」「私には特に取り柄もないし」なんて嘆いていてはもったいない。

声のパワーを最大限に活かして、ステキな恋をしましょう。

声はトレーニングで磨かれる

――愛されるモテ声とは？

米国では大統領も発声法を習う

声は人間関係にとって最強の武器です。

今あなたが出しているその声が、これからの人生をすばらしく魅力的にしてくれます。

試しに「おはよう」と声に出してみましょう。

どうですか。「この声なら確かに幸せになれそう」と感じますか？　感じないとしたら、それはまだ声のトレーニングをしていないせいかもしれません。

すごい威力を秘めた声も、何もしなかったら使えません。トレーニングで磨きをかけて、ようやく威力を発揮します。

稀《まれ》にトレーニングなしでイイ声を出せる人もいますが、我流では安定も長持ちもせず、感情が声にもろに出たり、老け声になるのが若年齢から始まったりするようです。

でも、大丈夫。トレーニングしていない声に魅力がないのは当たり前で、むしろ有望です。これからいくらでも磨いていけるのですから。

この章では、「愛されるモテ声の出し方」までちゃんと教えますから、安心して自分の声を信じてください。

米国では大統領も発声法を習います。国民を惹きつける強烈な指導力は、力のある声なしには発揮できないからです。

多様な人種や思想を一つにまとめなければならない想像を絶する厳しい条件下で、声は人種や言語を超え、宗教や文化を超えて、影響力を発揮します。「音楽に国境はない」という言葉を思い出せば、理解しやすいのではないでしょうか。

日本はこれ程に厳しい条件下にないので、しゃがれ声や平たい声の政治家でもやっていけますが、国民の声に対する意識が高まると、これまでのようにはいかなくなるでしょう。

ハスキーボイスは国際的にNG

現に、発声と交渉学の専門家である谷川須佐雄氏は、欧米にはほとんど見られないしやがれ声（ハスキーボイス）の問題を取り上げ、嗄声《させい》の歌手や芸能人の名前を挙げながら、ハスキーボイスに抵抗を感じない日本人の感性に警鐘を鳴らしています。

多くの嗄声は訓練で治るので、谷川氏の指摘するとおり、声を出す職業に就いていながらハスキー状態を放置しているのは、プロ意識に乏《とぼ》しいかもしれません。

しかしそれ以上に、ハスキーボイスに抵抗感を抱かず、時に好まれさえする日本の現状を憂慮する氏の言葉には、真摯《しんし》に耳を傾ける必要があるでしょう。

私のところにも、2～3年に1回程度ではありますが、「ハスキーな声になりたい」（治したい、ではなく、なりたい）という相談が持ち込まれます。

歌唱番組などを見ても、声に対する日本人の感性は、洗練されていません。しゃがれ声を聞いてもぜんぜん平気なのです。

私も日本人なので、かすれやノイズ（非整数次倍音）について「欧米人にはない優れた感性を持っているのだ」と主張したくなりますが、現代人の発声の現状や音への反応を見ていると、どうも私たち日本人にとって分が悪いようです。

・日本を訪れる外国人が「日本人の声は汚い」（白い声）と嫌がる
・人工の合成音声に違和感を覚えない（気づかない）

・過剰なアナウンスやBGMの垂れ流しにさらされても平気
・声帯が閉じきっていない発声（嗄声、ハスキーボイス、ダミ声）に抵抗を感じないでも大丈夫。今から声のトレーニングを始めれば、あなただけの最強の武器が手に入ります。

声の効果は無限に持続します。イイ声で話すと、ずっと愛されますよ。

声の若作りは難しいが……

「老け声」という言葉を聞いたことがありますか？
正式な発声用語ではありませんが、「老けた印象を与える声」という意味で一般に用いられています。
老け声の特徴は次の3つ。

1. 高音で裏返る（老人性ファルセット）
2. 細かく震える（老人性ビブラート）
3. かすれる（老人性ハスキー）

老け声は怖いんです。どんなに若作りしても、仮に美容整形なんかしていても、老け声を出した途端に「あ、オバサン」と感じさせてしまいます。

見た目が実年齢よりはるかに若い女性は、いくらでもいます。20代後半かと思ったら40代だったりして、「妖怪か?」と疑わしくなるほどの若さです。

ところが、そういう妖怪——もとい、妖《あや》しい魅力の女性でも、電話の声は「立派なオバサン」だったりする。

ガッカリとかそういうことではなく、「ああ、やっぱり声はちゃんと実年齢に近いんだな」と妙に納得します。

逆に、何歳になってもイキイキとしていて、同性からも異性からも人気のある女性は、必ず「声がいい」。

私は仕事柄、声楽家とお会いする機会が多いのですが、現役でステージに立ったり指導したりしている方は、声が本当に若くて魅力的です。

逆に早々に引退して、何十年もしっかりした発声法をしていない方は、かつての美声はどこへやら、ちゃんと「おばあちゃんの声」になっています。

こんな話もあります。男性声楽家のケースですが、声のトレーニングの話として参考になるでしょう。

男声は高いほうからテノール、バリトン、バスと分類されています。彼はもともとバスの歌い手でした。しかし、テノールに比べてバスやバリトンは出番が少ない。活躍の場が限られるし、主役にはなれない。西洋文化では「魅力的な声＝高音」と考えられているからです。

そこで彼は、トレーニングによって声域と声質を変え、バスからバリトンへ、そしてついにはテノールへと変身してしまったのです。

それればかりではありません。驚くことに、テノールにとっても超高音とされる「ハイC」が出せるようになっていました。

しかも、90歳を超えてもハイCを出しながら現役で歌い続けたのです。

ハイCがどのくらいの超高音かピンと来ないなら、まずあなたの出せる「すごく高い声」を出してみてください。特に訓練を受けていないなら、おそらく「ミ」か「ファ」あたりを出していることでしょう。

そのままがんばって「ソラシ」と上げていって「ド」まで出せたら、それがハイCです（Cはドの意味）。

とんでもないでしょう？　しかも男性ですよ。

うなるような低音しか出せなかった人が、高齢になってから発声技術を高めることで、そんな超高音に到達したのです。

つまり、声はトレーニングによって若さを保ったり、若返らせたりできるのです。いつまでも若々しい声を保ち、彼を声のマッサージで気持ちよくしてあげましょう。

絶対NG！　恋を遠ざける発声法ワースト5

「良い声」には、いろいろあります。

ピアノの良い音、バイオリンの良い音、フルートの良い音がそれぞれ違うように、あなたの声とお友達の声は違って当然です。

楽器——つまり発声器官——が違うのですから、目指す「良い声」は異なります。憧れの芸能人の名前を挙げて「あんな声になりたい」と目指すのは、あまり良い方法とは言えません。あなたの楽器がピアノなら、「バイオリンっぽい音」を目指すより「ピアノで出せる最も良い音」を模索するのがいいでしょう。

しかし反面、「悪い声」は誰でも判定が簡単にできます。専門家でなくても、ある程度の「耳」を持つ人であれば、共通する要素を聞き取ることができるのです。

音楽でもそうでしょう。一流のプロの演奏は、どれも上手に聴こえて優劣をつけるのが難しい。しかしアマチュアのバンドで「明らかに下手」な演奏は、誰が聴いても下手だとわかる。

ここではわかりやすく「イイ恋を遠ざける発声ワースト5」を挙げておきますから、自分の声をチェックしてみてください。

あなたに当てはまるものがあったら、「改善のコツ」を参考にして改善しましょう。

◆トゲトゲボイス

特徴：キツく鋭い声です。男女関係にとって最も不利になる声質といえます。自分の意見をストレートに言いすぎる人は、トゲトゲボイスになりやすいので、気をつけましょう。我が強いとモテません。相手本位がモテる秘訣です。

改善のコツ：声を相手に「手渡し」するイメージで発声するように心がけましょう。意見をストレートにぶつけると、声まで鋭くぶつかります。「意見は通ったけれど、嫌われた」なんて、トータルではマイナスです。相手の意見をよく聞いて、「話すより聞く」という方針で会話するだけでトゲが少なくなります。

◆幽霊ボイス

特徴：弱々しくて暗い声です。覇気や生命力が感じられません。返事も気の抜けたような「はぁ……」で、存在感が薄い。

改善のコツ：横隔膜を下げてお腹で支えて発声しましょう。唇ではなく、口の中をしっかり動かします。ネガティブな言葉はポジティブな表現で言い換え、自信をもって伝えると良いでしょう。声に笑顔を乗せる感覚です。

◆しゃっくりボイス

特徴：高アクセントで声が裏返る話し方。余裕がなく、気が強い印象を与えます。たいてい早口で、文と文との境界に間を置かずに畳み掛けるように話すのが特徴です。

改善のコツ：ゆっくり間を置いて話しましょう。高アクセントを下から突き上げず、「上から取る」ように練習すると改善できます。特に自分の得意分野について話すときや、相手と違う意見を主張するときなどに症状が悪化しやすいので、いつもよりトーンを落としぎみに話すのがコツです。

◆騒音ボイス

特徴：うるさい印象を与えてしまう拡散声。オバサン声、酔っぱらい声にはこの特徴があります。喫茶店などで場から「浮く」ほど目立つとしたら、騒音ボイスが拡散している可能性があります。

改善のコツ：声のターゲットを意識します。声を届けたい相手のみに聞かせるつもりで、共鳴を集めて発声しましょう。声は「聞こえればいい」わけではありません。1メートル離れた相手には1メートルの声、5メートル離れた相手には5メートルの声が気持ちよく聞こえます。1メートルの相手に5メートルの声で話したら、聞こえはしますが快適ではありません。「気持ちよく聞こえる声」をいつも意識しましょう。

◆よじれボイス

特徴：別名、ヤンキーボイス。語尾の母音が変によじれて歪《ゆが》んだ発音。品がなく育ちが悪い印象を与えてしまいます。たとえば、「あたしぃ〜」の語尾を「しぇ」に近い母音で伸ばすと、よじれボイスになります。

改善のコツ：日本語の5つの母音を明瞭に発音する練習をします。特に「い」母音がよじれやすいので、入念におこないましょう。また、「い母音の形を途中で変えない」という原則を守ると、だいぶ改善されます。

以上、イイ恋に恵まれにくい発声を5種類挙げました。

好きな人ができても、なかなか良い関係に発展しない女性は、発声や話し方に原因がありそうなケースがたいへん多い。

相づちの打ち方ひとつで、モテ具合がわかります。そのくらい、声は相手との関係を左右するのです。

今ここで挙げた悪い発声・話し方を裏返せば、すなわち「愛されボイス」になりますから、意識的に練習してみてください。

つまり、

・やわらかくて優しい声
・明るくてイキイキした声

・余裕を感じさせる落ち着いた話し方
・聞き手だけにちゃんと届く声
・明瞭で品の良い発音

これが愛される発声の共通点です。

第6章で、具体的にモテ声を身につけるための共鳴発声法トレーニングをご紹介しますので、そちらもご参照ください。

第4章♣ずっと愛されるための「色っぽい話」

彼にひたすら没頭する

——色気を身につける基本テクニック

飽きられないためには〈技〉が必要

あなたの一番好きな果物はなんですか？

私はバナナです。

たぶん父の影響でしょう。父は「バナナ1本を輪切りにして、家族みんなで分けて食べた。バナナ1本を1人で食べるのが夢だった」という時代の人です。

父にとって、バナナは果物の王様です。

私にとっても、それに近い思いがあります。味や栄養価、食べやすさ、価格など、総合的に見てバナナ以上の魅力を持つ果物は思いつきません。

で、よく食べるのですが、1日に4〜5本になってくると、さすがに「もういらないかな」という気分になる。

やっぱり飽きますよね。

そんなときは、アボカドを食べます。これも好物です。すると、おもしろいことに一緒にバナナが食べたくなるのです。

どんなに魅力的なものでも、それだけで飽きずにずっと魅力を維持できるわけではありません。

「お米は飽きない」とはよく聞きますが、毎食ご飯だけ（おかずなし）だったら、やっぱり厳しいでしょう？

おかずがバラエティに富んで、汁物もあったりして、それではじめて飽きない。いつもいつもお茶碗に盛ったご飯だけを「どうぞ」と出されても、押し戻したくなるでしょう。

飽きられないためには、〈技〉が必要です。

中村吉右衛門が歩くと、美しいですね。ただ座っていても、ただ歩いても、美しい。

あれが技です。

飽きられないためには、そう、飽きられない女になるには、〈技〉が必要なのです。

ずっと愛される女が持つ4つの〈技〉についてお話ししてから、ずっとかわいがられる色っぽさを育てるコツを伝授していきます。

1．色気で刺激する技
2．大人の魅力で刺激する技
3．父性本能を刺激する技
4．母性本能で刺激する技

まずは色気のお話です。

色気は年齢とともに衰える要素に見出さない

色気とは、〈オス対メス〉の関係で、本能的な性欲を刺激する要素です。この要素がないと、自然な男女関係はまず成立しません。

どうしたら色気を身につけることができるのか。難しそうですが、上級編はまた別の機会に伝授しますから、とりあえずは次の３つの基本を押さえておいてください。

・獲得させる
・女を捨てない

・彼に没頭する

この中の大きな項目である「獲得させる」については、後ほどあらためて詳しくお話しします。

ところで、色気について大切なことをここで軽くお話ししておきます。なぜ軽く話すかというと、あまりに重い話だからです。

年齢とともに衰える要素に色気を見出そうとすると、必ず不幸になります。たとえば「ぷるっぷるの肌」とか……。

言い切ってしまいましたが、「必ず」と言っていいでしょう。

どうですか。重いでしょう？

そんな女性たちをイヤというほど見てきました。価値観の転換を図らないと、30代より40代、40代より50代と、どんどん不幸になり、かたくなで狭量なオバサンになっていきます。

社会に押しつけられた価値観の犠牲者とも言えるんですけれどね。

でも、あなたは大丈夫。年々幸せになる方法を教えますから。

私のクライアントたちが年齢を重ねるにつれてどんどん幸福感を強めていくのには、

ちゃんとした理由があるのです。

男たちの目を自分に向ける方法

女を捨ててはいけません。「女を捨てない」とは、かみくだいて言うと、「モテる女になり、男の目を惹《ひ》く存在であり続ける」ということです。「まごまごしていると、ほかの男に取られそう」と彼が心配になるような色っぽい女に。

ただし、自分の目がほかの男に向いてはいけません。逆です。男たちの目が自分に向くだけです。

「男の目を惹く？　それができれば苦労はしない」なんて声が聞こえてきそうですね。難しく考えないで。「身だしなみを整える」とか「身なりを清潔に保つ」といった基本的なことに気をつければいいのです。

つき合いが長くなったり、結婚して何年も経《た》ったりすると、こうした部分に手を抜く女性が多い。それでいながら「夫はもう私になんか興味がないから」なんて投げやりになっている。

「私が髪型を変えたって気づかないような夫だから、私もつい手を抜くようになった」と、まるで子どものケンカの「あいつが先にぶった」みたいな言い訳をしてしまう人もいますが、たとえそうだとしても、悪循環をどこかで断ち切る必要はありますよね。

そんなとき、床に寝っ転がってジャージの中に手を突っ込んでお尻をボリボリ掻《か》きながら煎餅《せんべい》を片手にテレビを観て、「ねえ、もう少し私のことを女として見てくれない？」なんて愚痴《ぐち》ったところで、どだい無理な話です。

あなたの姿を鏡に映してみて。

色っぽいですか？　彼がドキドキしそうですか？

女を捨ててはいけませんよ。


ほかの男に目を向ける女には「価値がない」


先ほど「自分の目がほかの男に向いてはいけない」と述べました。

男にとって、パートナーである女がほかの男に気持ちを向けるのは大事件です。

なぜなら、「自分の遺伝子を残す」という生物としての目的が否定されるからです。

つまり、生物としてのレベルで見ると、ほかの男に目が向いている女は魅力的ではないのです。本能的なレベルで言えば、「価値がない」のです。

シビアでしょう？

夫婦のうち、妻が浮気をすると夫婦関係が致命傷を負うのは、こういう理由です。

結婚という制度がなくても、周囲が煽《あお》らなくても、男と女は自然にくっつきます。しかし、女のほうがパートナー以外の男に目を向けてしまうと、二人がペアでいる根本的理由がぐらついてしまう。

だから、男の目には浮気女が魅力的に見えないようにできているのです。

「あなたは彼だけを見ていながら、ほかの男たちがあなたを見ている」という構図が、あなたを魅力的にします。

ほかの男に色目を使うのとは違いますよ。そんなことをしたら、あなたの価値が下落します。なぜなら、彼にとって「ほかの男に気持ちがふらつく程度の魅力しかない女とつき合っている」ことになるからです。

ほかの男たちにとっても、ふらついている女は魅力的に見えません。

女性にとって、恋愛は人生の重大事。どうでもいい恋愛をすると、女が下がります。その人しか目に入らないような恋愛をしていてこそ、あなたの魅力が高まるのです。

彼にひたすら没頭しましょう。

女子高生とおじさんの援助交際は長続きしない

――大人の魅力で刺激する

男女関係は「対等」と「違い」を使い分ける

先日、デパートのトイレに入ろうとしてドアを開けたら、清掃の女性が作業中でした。出直そうとしたら、「あ、どうぞ～」と言う。「よろしいんですか？」と聞いたら、「どうぞどうぞ、すぐ終わりますから」と言いながら、掃除《そうじ》をしている。

私が用を足しているすぐ隣で、「お着物、粋《いき》ですね～」とか言いながら仕事を続ける女性（私はいつも和服を着ています）。後から別の男性客も入ってきて、構わず利用している。

これで性別が逆だったら、大変な騒ぎになるでしょうね。女性用トイレにおじさんの清掃員だったら。

「どうぞどうぞ、気にしないで。シャーッとやっちゃってください、シャーッと」なんて、気を利《き》かせているつもりでも警察に通報されます。

男と女のつき合いで、すべてを対等にしようとすると、歪《ゆが》みが生じます。男と女の違いを無視しなければならない部分が出てくるからです。

男女差を考慮しないと、2人の関係に平和が保てません。

かといって、あらゆる面で男女が異なると考えると、これまたデメリットが大きい。コンサートや映画のチケットを売るにも面倒くさい。そういう場面では男女を一緒くたにして「大人1枚」という扱いで充分。

ある部分では対等につき合い、ある部分では違いを尊重することが大切です。

では、「大人として魅力的だな」と彼に思ってもらうには、どうしたらいいのでしょうか。

大切なのは、次の2点です。

1．成長する可能性を示す
2．相手を支える力を磨く

順に見ていきましょう。

遅々とした変化でも成長を続ける

先述したとおり、男は生物としての必要上、女に飽きやすい性質を持っています。それを本能的に知っている女性は、さまざまな手段を講じて、飽きられない工夫をします。

その方策の一つが、〈魅力の出し惜しみ〉です。秘めた部分や神秘的な部分は、魅力になります。

なぜだかわかりますか？

今のあなたとは変化する可能性を秘めているからです。今見えているものとは違う実態を期待させるからです。変化する対象には飽きません。男だろうが女だろうが、それは同じです。

魅力には、秘めた部分が必要です。そして、秘めた魅力を少しずつ小出しにする必要があるのです。

ここまではいいですよね。多くの女性がやろうとしている、または実際にやっている方法ですよね。

では、出し惜しみしながらも、ついに自分の魅力的な部分が尽きてしまったら、どうなりますか？

その時点で飽きられて捨てられる――。

誰でもこの理屈に気づきます。そして、魅力を「出す」ほうではなく「出し惜しみする」ほうに必死になってしまう。

言い換えると、「自分をすべてさらけ出したら、嫌われるんじゃないか」と思うわけです。

これって、ものすごくネガティブな生き方ではありませんか？

「自分の魅力をすべて見せてしまったら飽きられちゃうから見せない」なんて。

「相手に知らせない部分を堅持する」という方策は、正当なやり方のように思われていますが、実は非常にネガティブで不安の残るやり方です。

そこであなたには、〈そのまま変化しない自分〉をびくびくしながら節約して使うより、〈常に新しい自分〉を惜しみなく出すほうを選んでほしいのです。

そのほうがずっと前向きで精神衛生上もプラスです。

第6章でご紹介するようなトレーニングは、潜在意識レベルからの変化を積み重ねていきますから、いわば「毎日新しい自分に生まれ変わる」ようなものです。

そうやっていけば、飽きっぽいはずの彼にも飽きられるわけがありません。

もちろん、たとえ〈変化〉したとしても、「朝はイライラ、昼はノリノリ、夜はグッタリ」みたいに気まぐれで不安定な変化では彼も困ってしまいます。

「変化するものは飽きられない」と言っても、気分が落ち着かないのがいいはずはない。精神的安定はイイ女の必須科目です。

ですから、一貫性のある安定した向上——すなわち成長——が必要になります。

たとえ遅々とした変化であっても成長を続けていれば、大人としての魅力が磨かれてきます。やがて相手を支える力も身についてくるのです。

同性の親友のように彼を支える

「支える」とひと口に言っても、その方法は一様ではありません。

経済的に困窮している相手をお金の面で支援するのも、支える力です。精神的に落ち込んでいる相手を励《はげ》ますのも、支える力です。孤独に苦しんでいる相手を食事に連れ出してあげるのも、支える力です。困難に立ち向かおうとする相手を信じて見守るのも、支える力です。

わかりやすく言うなら、同性の親友同士が互いにするようなことをやれるのが、「相手を支える力」です。

せん。

「大人同士の魅力で刺激する」という意味がつかめてきましたか？

一方が他方に対して、一方的に依存している状態は、大人同士のつき合いとは言えません。

同性の親友同士をイメージしてください。

一方的な依存は、ありえませんよね。

女子高生とおじさんの援助交際（売買春）は、まず長続きしません。そもそも、永続的な関係を目指してはいないのでしょうけれど。

なぜ長続きしないかというと、相互に支える部分があまりに少ないからです。

「おじさんはお金で、女子高校生は身体で、それぞれ相手を支えているんじゃないの？」なんて思う人もいるかもしれません。

確かにお金のほうは、先ほど挙げた例にもあったように、相手を支える要素になりえます。でも、身体のほうはダメなのです。

身体しか提供できるものがない場合、身体の関係が成立した時点で――つまり相手の性欲が満たされた時点で――相手から必要とされない方向へと動き始めます。

満たされた相手に対して、「もっとどうぞ」と身体を差し出そうとすれば、相手にとっての価値をますます下げてしまう。

「簡単に手に入るものは、価値が低い」と見なされるからです。これは市場経済の基本であり、人間心理の基本でもあります。

後述するように、自分から押しつけるのではなく、「獲得させる」ことが肝心なのです。

趣味や特技を極めよう

男は生物学的に、同じ女性には飽きやすくできています。だからこそ、同性の親友同士のような要素が必要になるわけです。

女性が男を惹きつけておこうとするとき、どうしても性的な要素に偏りがちです。服装やメイクで女らしく見せようとするのも、ここに含まれます。

しかし、同性の友人を「腰がくびれている」「脚が細い」「お尻が色っぽい」という基準で選びませんよね。そういった要素を理由に関係を継続することはない。

ですから、趣味や特技が重要なのです。趣味や特技の一致は友人と知り合ったり、関係を持続したりする理由となります。

あなたの趣味はなんですか？　特技と言えるようなものはありますか？

「オリンピックでメダルを取った」「40年も日本舞踊を習っている」みたいな大それた

特技じゃなくていいのですよ。

料理でも、歌でも、釣りでも、なんでもいいのです。それを得意とする人が世の中にあふれているもので構わない。

彼が喜んでくれるようなことなら、なおさらいい。何かの形で彼を支える力になりますから。

彼が特別に喜ぶようなことでなくても、嫌がることでないかぎり、どんどん極めていったらいい。

どんどん自分に磨きをかけましょう。何も思いつかない人は、これから新たにつくりましょう。それが「大人同士の魅力」になりますよ。

懐に入ると愛される

――父性本能を刺激しよう

父性は「保護する」、母性は「許す」本能

「窮鳥懐《ふところ》に入れば猟師も殺さず」ということわざがあります。追われて逃げ場を失った鳥が懐に逃げ込んできたら、猟師ですらその鳥を殺さない。困り果てて助けを求めてくる人がいたら、事情にかかわらず助けるのが人の道である、という教えです。

まさに父性本能を言い表した金言といえるでしょう。

父性本能は、大切なものを保護する本能です。

ですから、父性本能を刺激するには、「守ってあげたいと思わせる」「かわいげや恥じらいを身につける」のが有効です。

父性を刺激すると、相手はどのように反応するのか。

父性本能を刺激されたとき、男性が抱く感情を典型的に表す言葉があります。「かわいい」という言葉です。この言葉が彼から出てきたら、彼の父性本能を刺激するのに成功した証拠です。

ただし、「かわいい」の対象は顔の作りに対してではありません。言動や考え方です。

母性本能は、未熟な者を養育する本能です。ですから、「許す」という大切な性質があります。あらゆる行為を許すのです。未熟な者が成長し、やがて自分のもとから巣立っていくことも喜びとして受けとめます。

最近、これができない（母性本能がうまく機能していない）母親が増えて問題となっています。いつまでも自分の近くに子どもを置いておきたいと思い、執着してしまうのです。

母性本能には、「最も大切なものが自分のもとから離れていくのを喜ぶ」という、非常に矛盾した性質が必要条件です。そんなことが自然にできてしまうのですから、「母は強し」ですね。

それに対して、父性本能は「自分の保護下にいるなら、全力で守る」という本能です。

残念ながら、自分のもとから離れていく者に対しては働きません。「保護する本能」ですから。

行動を禁止するのではなく促す

ではどうすれば、彼の父性を刺激できるのでしょうか。その答えは簡単です。彼に保護されてしまえばいいのです。難しいことではありません。

「私は彼に守られている」という意識を常に持っていれば、それだけで父性本能を刺激することができます。思ったことは、なんらかの形で必ず相手に伝わるからです。

たとえば、彼がほかの女性をちらちら見ていたとき、嫉妬《しっと》心を燃やして「私と一緒にいるときに(私という女がありながら)ほかの女を見るなんて、最低」なんてやるのは、対等な関係、つまり「大人同士の関係」です。

対等な関係そのものが悪いのではありませんよ、念のため。

でも、大人同士の関係は、嫉妬心メラメラではなく、「私だって大人なんだから、あなたに○○してあげられる(あなたを支えられる)」という表れ方をしたときに、あなたの魅力をアップさせてくれます。

「対等なんだから、私にだって○○の権利があるはず」「私だって○○を主張したっていいはず」という表れ方をすると、男にとっての女の魅力はダウンしてしまいます。

父性本能を刺激するには、「ほかの女を見るな」ではなくて「私を見てほしい」という方向の表現をしなければなりません。

「彼に守られている」という意識がある女性は、「ほかの女を見るなんて最低」という言い方はしません。自然に「私だって見てほしいよぉ」という言い方になります。

禁止するのではなく、行動を促《うなが》すのです。

これは愛されるためにとても大事な方針ですから、覚えておいてください。男性に対しては行動を禁止するのではなく、促す表現を使いましょう。

たとえば……、

× 嘘つかないで
○ 本当のことを言ってほしい

× 遅刻しないで
○ 早めに来てね

× 強引につかまないで
○ 優しく撫《な》でて

× 好き嫌いしないで
○ これも食べて

× お前って呼ばないで
○ 名前で呼んで

女性から男性に対して「○」のほうの表現を使うと、「かわいい女だな」と思われやすくなります。

言葉だけを取り上げたら小手先のテクニックのようにも思えますが、自分自身の潜在意識にも作用して、基本的な姿勢を変えてくれる強力な技法です。

「懐に入る女」とは、潜在意識の奥から自然に「○」のほうの表現が出てきて、父性本能を刺激するかわいい女性のことです。

男を許して癒す

——母性本能の本質を知っておこう

「何かを生み出す源」はすべて女

母性本能で刺激するには、次のような条件があります。

・男の本能的な欲求を否定しない
・欠点を容認する
・安らぎを提供する
・癒《いや》す

「男は女にはかないません」

こんなふうに書くと、なんか安っぽく聞こえますね。あまりに月並みな常套句《じょうとうく》だからでしょう。

でも、本書を真剣に読んでくれているあなたなら、「男は女にかなわない」の本当の意味をわかってくれるはず。

女は「無」から「有」を生み出します。

「ちょっと待て。無から有は生まれないだろう。ちゃんと男が精子を、女が卵子を提供しているんだ。それが合体して女の胎内で育つだけだ」と反論したくなる人もいるかもしれません。

科学の目を持ってすれば、確かにそれがもっとも客観的な事実です。でも、人間は主観的な世界に生きています。男は、主観的に見れば「精子の提供」をしていません。

「がんばって精子を提供している」「遺伝子を混ぜ合わせて、さらに優秀な個体をつくるために、汗をかいて努力している」という意識はありません。

つまり、男の意識としては、セックスと生殖は切り離されているのです。

交尾が終わればオスの役目は終わり。カマキリなんて、メスに食べられてしまいます。それほどまでに、交尾が終わったあとのオスは無価値なのです。

人間だって、本質的には同じです。

生物としてもっとも重要な仕事である妊娠や出産については、男は直接的な役割を何も担《にな》っていません。だから、「女は無から有を生み出す」のです。男が「無から有」になるのですから、言い換えれば「女が男をつくる」ことになります。

聖書の記述とは裏腹に、女から男がつくられるんですね。

「母なる大地」という言葉を引き合いに出すまでもなく、大地や国は女性として捉えられています。これは世界中で普遍的に見られる現象です。ギリシア神話を知っている人なら、ガイアという大地の女神を思い出すかもしれません。

「何かを生み出す源」はすべて〈女〉なのです。

母性は息子の殺人さえ許す

母性には、すべてを許せる余裕があります。

「あんたら男は、そんなふうに格好つけて見せたって、私たち女から生まれたんだから」という気持ちです。

あなたに息子がいると想像してみてください。実際に息子がいる人は、より好都合ですね。

なにしろ男の子ですから、遺伝子の中に「ほかのオスと競争する」という本能を持って生まれてきています。ですから、ちっちゃい頃から「おれなんかさぁ、○○できるんだぜー」なんて言って、あるいは口には出さなくてもそんな気持ちを持って、格好つけたり粋《いき》がったりします。

そんな姿を見て、母親であるあなたはどう感じるか。

あまりの格好よさに魅了されてボーッとしたり、顔を赤らめたりしないでしょう。「よしよし」ってなもんです。「がんばってるね」と頭をなでなでしてやる感じでしょうね。

この余裕こそが母性です。だから、「男は女にかなわない」のです。

本気でからんでも、脅しても、格好つけてみせても、「はいはい、よしよし」と言われてしまうような相手に、勝てると思いますか？

勝てるはずありません。最初から勝負になっていません。

では、その息子が何か大変なことをやらかすとして、「これだけは許さない」という行為があるでしょうか。生きているかぎり絶対許さないというような行為があるとしたら、なんでしょうか。

答え——何もない

それが母性です。

自分のもとを去っていったら？

いいえ、そんなのは息子が自立する過程でふつうにあることです。

息子が人を殺《あや》めたら？

いいえ、息子を許さないのではなく、自分が責任を感じるのです。被害者に対して、あるいは世間に対して「申し訳ない」と感じるのです。

それが母性です。すごいですよね。

父性のほうは、そういう表れ方はしません。息子がなんとか無罪になるように優秀な弁護士を探したり（まさに保護しようとするわけです）、息子に対して「おれの顔に泥をぬりやがって」と憤《いきどお》ったりする。

母性と父性はまったく違うのです。

絶対的な容認から安らぎや癒しは生まれる

「男の本能」という意味では、たとえば男の子の闘争本能を「必死になっちゃって、私ああいうの嫌い」なんて否定するのは母性ではありません。

「まったくしょうがないんだから」「バカだけど、かわいいもんだね」

こういう感覚になるのが母性です。

逆に「きゃ〜、ステキ〜」と騒ぎもしない。闘争本能を剝《む》き出しにした格闘家やスポーツ選手に夢中になる女の子もいますが、大人になればなるほど数が少なくなるでしょう？

「欠点を容認」という意味では、たとえばタバコがやめられない男に対して「意志が弱いのは最低」と否定するのも母性ではありません。

意志が弱いのを云々《うんぬん》するのではなく、身体のことを心配するのが母性です。

「やめられないならしょうがないけど、少し減らしたほうがいいんじゃない？」という具合になる。そのような〈絶対的な容認〉から、安らぎや癒しが生まれるのです。

だから、男は女にかなわないのです。

おっと、ここでスモーカーの男性が安心しているかもしれませんが、油断は禁物ですよ。今は母性についてお話ししていますが、〈大人同士〉という項目も前にあったでしょう？

意志が弱くて優柔不断でも、母性には容認してもらえますが、〈大人同士〉の関係では「ああいう人とはつき合いたくない」とビシッと斬り捨てられる可能性があります。

イイ女ほど、成長しない男をあっさり斬り捨てるので、男性はご用心を。

言葉を言い換えない
——態度の類似性テクニック

相手に同調すれば好かれる

私は小津安二郎監督の映画を観ると、ほっとします。例が古いかもしれませんが、機会があったら観てください。男と女の関係をしっとりと演出しています。

西洋映画での恋愛は、男と女がお互いにどう行動して、どんな駆け引きをして、どんなふうに攻め落とすか、という描き方をします。

お互いが向き合っているのです。

ちょうど敵の軍勢と向き合っているときのように、男と女が向き合って相手を見定めていくわけで、ここには緊張関係も生まれます。

小津安二郎の世界では、男と女に対決姿勢を取らせません。「同じ方向を見させる」

のです。

たとえば、一緒に花火を見たり、一緒に縁側に座ったり、一緒にお寿司を食べたりという具合に、互いを見るのではなく、同じものを見る姿勢を取らせます。

同じ方向を向いたり、同じものを見たり、同じ考え方をしたり、似た価値観を持ったりする相手に好意を抱く性質が誰にでもあります。

これを〈態度の類似性〉といいます。

簡単に言えば、「相手に同調すれば好かれる」ということです。

問題ない言葉なら、そっくり同じ言葉を使う

〈同調〉というのは、心にもないのに「へえへえ、さようでございます。おっしゃるとおりで」とやることではありません。

相手と近い気持ちで考え、過ごすことです。そのためのテクニックに、「言葉に同調する」方法があります。同じ言葉を使うのです。

ほとんど同じ対象を指す場合でも、人によって使う言葉が異なります。

「トイレに行く」というときだって、いろいろな表現で相手に伝えるでしょう？「トイレ」そのものを指すにも、いろいろな名詞があります。

同じ対象や行為を表す表現が複数ある場合、「相手と同じ表現を選ぶ」ように心がけてみてください。

言葉の同調は、非常に長期的な効果が期待できます。夫婦関係のように長期にわたる関係では、言葉の同調がきわめて重要です。

たとえば、相手が「トイレ」という言葉を使ったとき、自分も「トイレ」を使うようにするのです。いくら同じ意味のつもりでも、「お手洗い」だとか「厠《かわや》」だなんて言い換えてはいけません。

かといって、どうしても使いたくない言葉を無理に使う必要はありません。

たとえば、ご主人が食事のことを「めし」と言うからといって、あなたまで「めしにする?」なんて言ったら、ちょっと品がないですよね。

言葉には男女差がありますから、常にそのままコピーすればいいわけではありません。そこはあなたが判断してください。さほど問題なさそうな言葉なら、そっくりそのまま使ってみましょう。

気をつけていると、すでにつき合いの長い相手とのあいだでも、同じ対象を指すのに(無意識のうちに)別の言葉を使っていることがけっこうあるものです。

気づいたら、同じ言葉を使うようにしてみましょう。相手の反応が微妙に変わっているはずです。

ネガティブな表現はポジティブに言い換える

夫婦や恋人同士では同じ言葉を共有するのが望ましいわけですが、「相手の言葉に同調してはいけないケース」もあります。

それは、「潜在意識に不適切なメッセージを伝えるような言葉」の場合です。

たとえば、「どうせ」とか「しょせん」「やるだけムダ」などのように、ネガティブな意味につながりやすい口癖や、行動にブレーキをかけてしまうような言い回しには、同調しないほうがいいでしょう。

「暑くてやってられない」「寒くて動きたくない」「寝不足で気分が悪い」など、その気分を自分の中に取り込みたくないものは、すべて同様です。

言葉に同調するといっても、相手の言うことに安易に同意するということではありません。

「暑くてやってられない」に対して、一緒になってダルい感じで「汗ベタベタ」の気分を味わいたいなら「だよね」と同意すればいいのですが、そうしたくないなら「私は暑いのもけっこう好きだよ」なんて返せばいいのです。

「寒くて動きたくない」に対しては、「寒いときは、かえってちょっと動くといいかもよ」なんて返すと前向きですね。

「寝不足で気分が悪い」に対しては、「それじゃ、一緒に気合入れようか」と言ってあげたら、相手の気分も少しは救われるかもしれません。

こんなときに「だよね。私も寝不足のときは気分最悪。吐き気するでしょ？　大丈夫？　吐きそう？」なんてやったら、単に言葉の勢いや口癖で「寝不足で最悪」と言っただけの相手が、本格的に落ち込んでいきます。

ついでにつけ加えると、人は自分のことを気持ち良くさせてくれる人を好きになりますから、あなたが同調したせいで、相手から嫌われる可能性すらあります。

相手のことを思って同意したはずなのに、そんなの困るでしょう？

基本的には同じ言葉を使い、ネガティブな表現はポジティブに言い換えてあげる。それだけで、彼にとってのあなたの存在は確実に重要度を増しますよ。

ステキな下着はチラ見させる
——何度も欲しがられる女になる方法

獲得のチャンスを奪ってはいけない

動物のオスには狩猟本能があります。人間のオスだって例外ではありません。「母性は男の欲求を否定しない」という話をしましたね。

狩猟本能という欲求がある動物に、獲物を「はい、どうぞ」と差し出すのは、本能を否定する行為です。

デートとなると、露出度の高い服を着る女性がいます。「脇の下まで見えてるよ」「パンツも見えそうだ」というくらい。

確かに男性は、女性の身体を見たがります。でも、「見たがるものを見せる」方向に進むと、露出度をひたすらエスカレートさせるほかありません。

行き着く先は全裸ですよね。街をほとんど全裸みたいな服で歩いている女性、たまに見かけるでしょう？

すでに見慣れてしまったものを、男は欲しがらなくなります。

全裸をもろに見せられたら、「下着ぐらいつけていたほうが色っぽい」となる。かといって、すでに露出度の高い服を着てみせているから、今さら隠しても狩猟本能は刺激できない……。

そうなると、彼の欲求はどこへ向かうと思いますか？

「ほかの女」です。まだ獲得していないものを求めるのです。「そんなのイヤだあ」と嘆いたって、戦略を誤ってしまったら後の祭り。

露出度を高めすぎて、男の獲得のチャンスを奪ってはいけません。

上手にあなたを獲得させてあげる

男の狩猟本能を満たしてあげると、いいことがあります。

男には「努力して獲得したモノは、努力なしで手に入ったモノよりも、高く評価する」性質があるので、あなたが高く評価されるのです。

すなわち、もっと愛されるということです。

〈獲得〉は、物質的なモノを自分の所有物にするという意味だけではありません。恋人の下着を盗み見るのも〈獲得〉です。

たとえば、あなたが素敵な下着を買ったとします。

これを身につけて、「見て見て〜、スゴイでしょう、これ」と彼の前に仁王立ちになったら、彼はあなたの下着を「努力なしで手に入れた」ことになります。

でも、あなたが見せようとしていないのに、スカートの下から、あるいは胸元から、チラッと下着の色が覗《のぞ》いて、それに気づいた彼が、「ん？　なんか色っぽい下着だな」と思って、身体の角度を変えたり下から覗き込んだりして「あっ、すごい下着」と感激するとしたら、彼はあなたの下着を「努力して獲得した」ことになる。

この場合、後者のほうを高く評価します。下着そのものはまったく同じなのに、彼からの評価が違ってしまうのです。

では、「まったく獲得させない」としたらどうでしょうか。

そういう疑問が出てきますよね。「簡単に見せる」より「なかなか見せない」ほうが喜ぶなら、「絶対に見せない」のが一番喜ぶのでは……。

それは違います。今度は別のメカニズムが働きます。先述した「すっぱいブドウと甘いレモン」の心理メカニズムです。

「手に入らないものよりも、手に入るもの（自分の手の中にあるもの）を高く評価する」という心理的な働きです。

ですから、あなたが絶対に下着を見せなかったとしたら、ほかの「下着を見せてくれる人」の下着を見て喜ぶ可能性があります。

忘れてはいけません。目的は「獲得させる」ことなのですよ。隠しおおせることではありません。

では、上手に演出して、彼からの評価を高めたとします。するとどうなるのか？

彼が「何度でも見たがる」のです。

いいですか？　獲得させてあげれば、彼は何度でも見たがります。押しつけるように提示したら、彼はほんの数回で飽きます。怖いでしょう？

うなぎの蒲焼きが大好きな彼でも、常にうなぎが食べられるように用意されていて、しかもしょっちゅう「食べて、ねぇ、食べてよ」と強引に勧められ、食べないと「うなぎなんて、もう飽きちゃったんだね。悲しい」と落ち込まれたら、食欲が湧くどころではありません。

目もくれなくなりますよ。同じことを自分の身体でやっている女性が実に多い。上手に獲得させてあげるのが、お互いのためなのです。

ナンパされるのはイイ女？

——性的成熟度の高め方

男がナンパするのは、「簡単に股を開きそうな女」

潜在意識トレーニングを始めると、しばらくしてこんな報告をくれる人がいます。

「最近やたらとナンパされるんです」

本人はそれがモテるようになった証拠だと喜んでいるので、水を差すようなことは言いたくないのですが、間違いがあってはいけませんから、ちゃんと説明しておきます。

あなたが一人の女性として認識されてアプローチを受けるのと、繁華街などでいきなり声をかけられる、いわゆる〈ナンパ〉とは、まったく別の出来事です。

男性側の立場で考えれば容易にわかることなのですが、これを勘違いしてしまう女性は少なくありません。

男性に「真剣に交際したい女性には、どんな要素を望むか」と質問してみたら、どんな答えが返ってくると思いますか？

「夜遊びが好きで酒好きで、タバコを吸って、見知らぬ男とでも気さくにおしゃべりをするのが好きで、スカートが短くて肌の露出度の高い女」という選択肢は、百人中何人ぐらいが選ぶでしょうか。

そもそも、真剣に交際したい女性と出逢うために、夜の繁華街や海岸に出かけると思いますか？

では、「ナンパするときは、どんな女性に声をかけるか」と質問したら、どんな答えが返ってくるでしょうか。

いいですか？　男がナンパするとき、声をかける基準の筆頭はこれなんです。

「簡単に股を開きそうな女」

知ってましたか？

かなり品のない言い方ですが、男の内心を言葉にすると、まさにこんな感じです。

「優しそう」とか「気配りができそう」なんて内面的な要素は無理にしても、「顔がかわいい」「腰がくびれている」「脚が細い」「目がキレイ」といった外見的な要素すら、「すぐに股を開くかどうか」という基準の前にはくすんでしまうのです。

大人の女性はナンパされない

「色っぽい」というのも、ナンパされる基準とは違う。

たとえば、モデルか女優で「色っぽい」と形容できる女性を思い浮かべてください。その人が街を歩いたら、ナンパの嵐に遭うと思いますか？

ここがポイントです。

私は学生時代、心理学専攻の学生として当然のように、駅や繁華街など人出の多い場所に出かけては、人間観察をしていました。通りに面した2階の店の窓際に座り、路上で繰り広げられる人間模様を眺めるのです。

向こうから女性が歩いてくると、そこらにたむろしている男たちからナンパされるかどうかを、かなりの確率で当てることができました。

結論から言うと、「崩れた感じの女の子」ほど声をかけられます。

色気のかけらもないような幼い服装でも、だらしない感じの（頭も股もゆるそうな）女の子には、男たちがサーッと集まり、声をかける。

どんなに色っぽい服装や体型をしていても、大人の雰囲気を醸し出す美女はナンパされません。「あの人はナンパされないだろう」と予想しながら見ていると、男たちは立ち上がりもしない。目で負うだけ。たまに判断を誤って近寄っていく男がいても、数メートル手前で「格が違う」と気づくのか「回れ右」して戻ってくる。

ナンパされるのは、「色っぽい」と評価されたからではありません。「色っぽい」というのは、ナンパするときの必要条件の一つではあっても、それだけでは十分ではない。ナンパされたということは、「お前って、簡単に股を開きそうな女だよね」と言われているのと同じなのです。まずはここのところを押さえておかないと、性的成熟度の変化を見誤ることになります。

では、ナンパではなくて、たとえば会社の上司や同僚など、知人から酒の席で口説かれるようなケースはどうなのでしょうか。

これもやはりナンパと同じだと解釈していいでしょう。

たとえ酒が入って酔っているとはいえ、身近な女性を性的な関係に誘い、それが成就しなかったら、たいていは困った立場に陥ります。

しかし、性的な関係が成就してしまえば、相手も共犯になる。ということは、誘った時点で「この女なら共犯になるだろう」と、つまり「誘いに乗って股を開くだろう」と考えているわけです。

性的成熟状態のアンバランスさが問題

街でナンパされたり口説かれたりしやすくなっている時期は、性的な成熟状態がアンバランスで、それが男性のオスの部分を刺激しています。

内面がついていかないうちに身体の成熟度が先に高まり、自分でも知らないうちにセックスアピールしている状態だと思ってください。内側と外側のバランスが取れていない状態というのは、理性ではなく動物的な部分を刺激しやすいのです。

「オスの部分を刺激するなら、喜んでもいいんじゃない？」と思うかもしれません。

でも、大人の女としては、この状態はけっして望ましいものではありません。あくまでも途中段階です。見る人が見ればどんな状態なのかをすぐに見抜きますから、まともな男性（意識レベルの高い男性）には相手にされませんし、周囲の女性を全員敵にまわします。これが一番怖い……。

もう少しわかりやすく説明しましょう。

たとえば、小学1年生の女の子がパンツ丸見えでも、周囲はあまり気にしません。ところが、25歳の女性がパンツ丸見えだと、社会的に容認されません。ですから、現実にパンツの見える子どもが（公園などに）多く存在し、パンツの見える大人の女性はほとんど存在しません。

たまに崩れた感じの女性がいると、「あんなだらしない女だから、頼めば一発ぐらいやらせてくれるかも」と顕在的または潜在的に感じた男の目を惹き、軽いノリの男たちが群がります。そういう光景を見たことはあるでしょう？　夜の繁華街のあちらこちらで見かけます。

性的成熟度をアップさせるトレーニングを始めて、「最近やたらとナンパされる」と感じた女性たちは、たとえるなら「大人の女が下着をはみ出させて、しかもお尻をめいっぱい振りながら歩いている」状態といえます。それを見て、ナンパ男たちがこう思うのです。「簡単に股を開きそうな女だ」と。

ここからが本番です。

さらに成熟度を高めていくと、「魅力的な女性が、きちんとした格好で歩いていて、どこからどう見てもイイ女。もちろん裸になっても最高の女」になっていきます。いい加減な男なんて、あなたの魅力に気圧《けお》されて近づくことさえできません。大人の女としての魅力を自然に醸し出します。

あなたに目指してほしいのは、こういう本物レベルです。

大丈夫。しっかり取り組んでいれば、「簡単に股を開きそうな女」に見られるようなアンバランスな時期は長くは続きませんから、心配することはありません。

若い頃いっぱい遊んだから、深くイケない？
——正しい身体の許し方

女の身体は触れられただけで影響を受ける

女の身体は敏感です。男の身体に触れただけで、確実に影響を受けます。電車の中で痴漢に遭うと、ものすごくイヤでしょう。なぜかというと、その出来事によってあなたの身体がネガティブに変化してしまうからです。

女はそのことを本能的に知っています。だから、痴漢に触られた部分がまるで汚染されたかのように感じるのです。それを本能的に知っているからこそ、慎重に男を選びます。

男と女のつき合いは、触れ合いです。「この男と触れ合って、変化させられてもかまわない」と思った相手とだけつき合うために、慎重になるのです。

女は心も敏感です。とくに性的な情報には敏感で、雑誌の表紙をちらっと見ただけでも影響を受けます。

会社の同僚たちがヌード雑誌を回し読みしていたら、すごくイヤでしょう? なぜかというと、雑誌の中の出来事と自分が同一視される可能性への嫌悪のほかに、そういう雰囲気の中に身を置くことで心に影響を受け、自分が変化してしまうことを本能的に知っているからです。

このように、あなたの五感が受け取るあらゆる性情報は、あなたの心身に影響を与えます。

ですから、性情報にはいつも気をつけて、経験を厳選することが大切なのです。

経験を増やすのではなく厳選する

その昔、潜在意識についてほとんど知られていなくて、実践的な方法なんて存在しなかった時代、「とにかくどんなことでも経験してみればいい。そうする中で見る目が養われる」などと言われ、なんでもやってみようという姿勢が奨励されていた頃もありました。

でも、潜在意識の研究が進むにつれて、「経験を厳選すること」の大切さが知られるようになってきました。

「経験を増やす」のではなく「経験を厳選する」。

なぜなら、

「ネガティブなものに触れる」
←「潜在意識がネガティブな影響を受ける」
←「ネガティブなものと波長が合いやすくなる」
←「ネガティブなものに魅力を感じて求めるようになる」
←「ますます頻繁《ひんぱん》にネガティブなものに触れる」
←「潜在意識がますますネガティブな影響を……」

という悪循環から抜け出せなくなるからです。

「若い頃いっぱい遊んだのに、深くイケません」と告白する人がいます。

まったく逆です。

「若い頃いっぱい遊んだから、深くイケない」のです。

本物の悦《よろこ》びとは、そんな単純なものではありません。何回もセックスすればいいわけではないのです。

女のあなたならよくわかっているはず。女にとって、「相手が誰であるか」が経験を決定づけます。まさに「遊んだ」という言葉がいみじくも表しているように、本気で愛してもいない男と寝たら、潜在意識が汚染されるだけ……。

そんな経験が障害となって、すばらしい本物の悦びを妨《さまた》げているのです。

性的によい経験の基準は「娘に勧めたいかどうか」

性的にプラスになる経験か、マイナスになる経験かを自分で簡単に見分ける方法があります。

「自分の娘に勧めたいかどうか」です。

あなたに娘がいると想像して、その娘に勧めたい行為や情報かどうかを判断すればいいのです。娘というのは、キレイに澄んだ潜在意識の象徴です。

そして、すべての女性には母性本能があります。ですから、大切な娘を汚してしまうような経験を、信じがたいほど敏感に見分ける能力を持っているのです。

ただし、すでに潜在意識にかなりの悪影響を蓄積してしまっていると、この基準さえ機能しないことがあります。「売春だって娘が割り切ってやるならいい」なんて言い出す母親もいますから。

ふだんからネガティブな影響を避け、潜在意識を澄んだ状態にメンテナンスしておくことが大切です。

「浮気させたくない」は逆効果

――彼の浮気を止める方法

男は特定の女に飽きやすくできている

男はもともと、特定の女性との関係に飽きやすくできています。

その理由は、子孫を残しやすくするためです。

「どうしたら子孫を残しやすいか」という、あらゆる生物にとっての最優先事項に基づいて、いろいろな性質が決定されています。

まずはここを生物学の知識としてしっかり押さえましょう。

女性がおおざっぱに言って1年に1人の子どもを産むことができるのに対して、男性は射精の回数分だけ産む（産んでもらう）ことができます。1年で100人の子どもをつくるなんて、男にとっては偉業でもなんでもないのです。

それはそうですよ。「子孫を残す」という出来事に関してみれば、母親は子どもを産むという〈大事業〉を経験しますが、父親は「ただ射精するだけ」なのですから。

どちらの経験が豊かだとか、どっちのほうが得だとか、そういう問題ではありません。

ただ「違う」のです。

自分が恋愛に悩める当事者だと、「男は楽でいいなあ」とか「女のほうが豊かな経験ができて得だよ」といった主観が入り込みます。

主観的にしか考えられないと、たとえば「男は特定の女とのセックスに飽きやすい」というような知識を、「男が浮気の言い訳をするときの口実」みたいにネガティブにしか捉えられません。

そこで思考が停止してしまいます。自分が当事者になってしまい、客観視できない怖さがここにあります。

本書を読んでいるあなたは、何かを新しく学ぶときのように主観を後退させ、客観的な姿勢を維持して、「へえ、男と女って違うんだなあ」とそのまま冷静に受けとめてくださいね。

そうそう、主観と言えば、男性の受講者からこんなメールをいただいたことがあります。

「齋藤先生はいつも女性の味方をしてますけど、たまには男が得する情報もお願いします」

確かに、女性が幸せになる方法をお伝えしていますから、男性からすると「女の味方ばかりして」と感じるのかもしれません。

でも、私が本書や講演会でしているのは難解で高尚な話ではなく、いわば〈小中学校の授業レベル〉の話が実はほとんどです。

意識の法則は、算数の公式と同じようなもの。

いわば「三角形の面積は、底辺×高さ÷2で求める」のような基礎的な事柄であって、私が主観を入れて「女性の味方をしよう」「今度は男性の味方だ」なんて加減できるような話ではないのです。

もっとも、「女性が溜飲《りゅういん》を下げる話」「男性が喜ぶ話」といった違いはありますけれどね。

彼を監視すると浮気したい本能を刺激する

私たちは、男と女の違いについて、あまり教わっていません。むしろ無視するように教育されてきました。

本当は男女差なんて有性生殖をする生物の存在理由に関わる大切な問題であるにもかかわらず、「男だから、女だから」という区別に罪悪感さえ抱く人もいます。

男と女がもともと違うものだという前提からスタートしないと、「男が特定の女とのセックスに飽きやすくできているなんて、そんなの許せない」という感覚になってしまい、心が安まることがなく、夫や恋人の行動を監視して、毎日をびくびくしながら過ごすことになります。

では、しっかり監視したり禁止したりすれば、彼は浮気しないのか。

残念ながら、逆です。

オスは精子をばらまくだけで、本能に与えられた仕事を遂行することができるので、できるだけ多くのメスと関わろうとします。

この本能が危うくされると、どうなるか。

生命が危機に瀕《ひん》したときに性欲が高まるのと同じ理由で、なんとかして抑制を突破しようとします。つまり、浮気したいという欲求がよけいに高まるのです。この欲求は、本能に突き動かされる衝動ですから、理性で抑え込めるようなものではありません。

まるで大河です。ダムのように大きな力で強引に堰《せ》き止めることもできますが、同時に巨大な力が蓄積することになります。ダムが決壊したら、もう止められません。

彼の頭からはあなたや子どもや社会的地位まで消え去って、本能の実現に向けて突き進みます。

そんな例はいくらでもありますよ。社会的にキチンとしたふるまいを求められるような職業の男性ほど、異常な性欲を示しやすく、風変わりな性犯罪を起こすケースが多いことを、もうご存じでしょう。

彼の浮気がイヤなら、「彼の浮気を止めさせよう」という方向で本能的な欲求をいたずらに掻き立てるのではなく、「私がもっと彼を喜ばせよう」という方向に進むことが大切なのです。

「浮気させたくない」「ほかの女と関わらせたくない」とあなたが思った瞬間に、彼の中では浮気願望がムクッと成長します。

「私が喜ばせてあげよう」と思うと、彼はスーッと穏やかになります。

最近の若い世代はこの知恵を持たないばかりに、自分の中の嫉妬心に苦しみ続けています。

「私がもっと彼を喜ばせよう」と思うことはあなたが楽になれる、穏やかになれる、ステキな魔法なのですよ。

第5章♣愛される話し方の実践エクササイズ

「ええ」は愛を逃す

――愛される相づち、嫌われる相づち

「ええ」は×、「うん」は○

この章では「愛される」話し方について、実践的なアドバイスをしていきます。まずは、話の基本である「相づち」からです。

たかが「相づち」と軽く見てはいけません。愛される相づちと嫌われる相づちがあるからです。

1分で終わる短い会話でも、相づちのない会話はありません。

相づちの基本は「はい」ですが、ほかにも「ああ」「ええ」「おお」「うん」「ほう」「ふうん」「わあ」「えぇ〜っ」「うそっ」「ホントに?・」「ひぇ〜っ」「どひゃ〜」など(本当か?・)、たくさんあります。

バリエーションはいくらでもありますが、相づちの使い方で魅力が高まったり下がっ

たりしますから、変な相づちの癖《くせ》があったら直しておくといいでしょう。

まさか本書を手にしたステキな女性のあなたが、「ああ」とか「おお」などと男らしさ満点の相づちを打ちはしないでしょうが、意外な盲点がありえます。

それは、「ええ」です。

どうですか。特に電話で、相手の話を聞きながら「ええ」「ええ」と繰り返すことはありませんか？　残念ながらこの相づち、魅力的な女性には似合いません。

「ええ」が話者の魅力を高めない理由として、

・丁寧さに欠ける
・親密さも感じさせない
・「エ」母音が心地よい響きにならない
・同意や共感、驚きなど、相づちで伝えうる感情を何も伝えない

以上の特徴が考えられます。

「厳禁」にするほど品位を欠くわけではありませんが、使うにしても極力減らすのが賢明です。

「でも、『うん』よりはまだマシじゃないですか？」

そう質問されたことがあります。

子どもの頃、親に「うん」と返事をして、「返事は『はい』」と訂正された記憶は誰にでもあるでしょう。そのせいで、「うん」は悪い返事だと思い込んでいる人は少なくないようです。

確かに、職場で上司に「うん」と返事をしたら、あまりに幼すぎて社会人失格。しかし、プライベートではかわいい「うん」が似つかわしい関係や場面もあります。

魅力的な「ええ」はありませんが、魅力的な「うん」はあるのです。

「はい」の返事一つで惚れさせる

「ええ」はダメ、「うん」は良い、と述べましたが、返事の基本はやっぱり「はい」ですね。現代の日本において、ここに異論はないでしょう。

あなたの「はい」は、魅力的ですか？

大人の女性にふさわしい、明るさと落ち着きを感じさせる「はい」が言えますか？

「はぁ……」と、いるのかいないのかわからないような、弱々しくて暗い返事では魅力が下がります。

かといって、幼稚園児が名前を呼ばれて勢いよく立ち上がりながら「ハイ！」と叫ぶようなのは、大人の返事ではありません。

魅力的な女性は、「はい」ひとつで惚れさせます。「キミの『はい』には癒《いや》される」と褒められます。

大好きな人を気持ちよくさせる「はい」を練習しましょう。

無表情は「フラれたい」サイン
——愛される表情の作り方

会話時の表情で愛され方が変わる

「あなたはいつも、どんな表情で会話をしていますか？」と聞かれても、自分の顔は自分で見えないから困りますね。

手元に鏡を置いて、どんな顔で話しているかをチェックしてみてください。意外なくらい表情に乏《とぼ》しくて、ショックを受けるかもしれません。

「こんなつまらない顔してたんだ」としばらく落ち込む女性もいるほど。

自分の声を録音して聞いたときと同じくらい、現実を知る衝撃は大きい。でも、知る価値は無限大です。知った直後から愛され方が変わります。

話し方の三要素ＶＡＣをご存じですか。視覚的要素（visual）、聴覚的要素（audio）、内容（contents）の頭文字を取って、「話し方」を構成する要素をこう呼びます。

表情はその「V」に相当する大事なポイントなのです。

無表情は百害あって一利なし

表情はいろいろ変化します。

楽しい話題なら笑顔になり、難しい話なら深刻そうな顔になり、怖い話なら怯《おび》えた顔になり……表情がさまざまに変わるのは自然なことです。

いつでもどこでも爆笑しているなんて、不自然ですよね。周囲を不安にさせます。

いつでもどこでも通用する「オールマイティーな表情」はありません。しかし逆に、「いつなんどきも見せてはならない表情」はあります。

その唯一の表情が、「無表情」なのです。

無表情だけは、自分自身に固く禁じてください。百害あって一利もありませんから。

おっと、無表情にも一利だけありました。それは「フラれたい」場合に劇薬のように効果を発揮します。

「関係を絶って二度と会いたくない相手」には、無表情の武器が確実に効きます。あなたから別れを切り出さなくても、相手が去ってくれます。

ただし、使うときは覚悟を決めてくださいね。万が一あなたが心変わりして「やっぱり別れたくない」と途中で思い直しても、「無表情」の切り札を使ったら最後、手の施《ほどこ》しようはなく、どんなにすがってもやがて別れが訪れます。

無表情は、取り返しようのない強烈な劇薬。飲んだが最後、あとはもう、確実な結果が訪れるのに身を任せるしかないのです。

無表情の代わりに、本気の笑顔をいつも見せる

「いつでもどこでも通用するオールマイティーな表情はない」と言いました。

でも、かなり万能に近い表情はあります。それが「信頼の笑顔」(smile of confidence) です。「本気の笑顔」と訳してもいいでしょう。

穏やかなほほえみ、弾《はじ》けんばかりの明るい笑顔、思わず爆笑、「しょうがないなぁ」という受容の笑みなど、度合いはともあれ、心からの笑顔のことを指します。

無表情の代わりに、本気の笑顔をいつも見せてください。

私が話し方の指導をしている「声のサロン」では、表情や姿勢も取り上げます。

表情は話し方の一要素なのです。

話題や言葉遣いだけでなく、表情にも気を配って「話し方美人」になりましょう。

「話を奪う」と孤独を招く

――気持ちよく会話をするために注意すべきこと

会話名人は「言葉を拾う」

話を奪うと、愛を失います。こんなシーン、身に覚えはありませんか？

A：　ねえねえ聞いてくれる？　先週末に温泉に行ったの。

B：　えっ、温泉!?　私も！　草津なんだけど、ひっどい目に遭って、もう二度と行きたくない。温泉って言ったら、やっぱり料理じゃない？　なのにその宿――。

Bさんのように自分の話題に引っ張ってしまうやり方を、「話を奪う」といいます。話の主導権を強引に我が物にしてしまう話し方です。主導権の強奪を巧みに隠蔽《いんぺい》するやり方もあります。

一例を挙げましょう。

C：嫌いな食べ物ってある？
D：ネギかな。
C：へえ、私はそうめんなんだけど、なんでそうめんが嫌いになったかわかる？　当てたらスゴイ。

このように、自分が話したいテーマを先に相手に投げかけてから、強引に奪い返すやり方です。
最初の例に比べれば、相手は「もともと話したかったテーマではない」ので、ストレスは軽減しますが、「人に聞いておいて、なんだよ」と不満を抱かせてしまいます。
では、どうしたらいいのか。
少しでも「ネギかな」という相手の回答を拾ってあげれば、印象は変わります。

C：嫌いな食べ物ってある？
D：ネギかな。

C：へ～、ネギのどこが苦手なの？
D：ヌルヌルするところ。
C：じゃあ、オクラなんか気絶するんじゃない？
D：オクラは大好きだよ。とろろ芋も。
C：へえ、変なの。まあ私はそうめんだから人のこと言えないけど。ちょっとしたきっかけがあって、それ以来ダメなの。

「言葉を拾ってあげる」ことができる人は、会話のできる人です。会話上手は愛されます。

何かを質問されたら、答えの後に質問を返す

先ほどの例を、別の視点から見てみましょう。

C：嫌いな食べ物ってある？
D：ネギかな。

先に「嫌いな食べ物」の話題を振ったCさんは、実は自分が「嫌いな食べ物」について話したいのでした。

これをDさんの立場になって考えてみてください。

人は誰でも、質問したり話題を振ったりするとしたら、自分が興味のあるテーマについてです。自分の頭の中の意識を占めている内容からしか質問できないからです。

だから、Cさんから「嫌いな食べ物は?」といきなり聞かれたら、「Cさんは嫌いな食べ物について話したいのかな」と推測するのは妥当で、高確率で当たります。

そこで、意識の法則を活用すると、こんなルールが導き出せます。

「何かを質問されたら、答えの後に同じ質問を返してあげよう」

愛される会話のルールです。

話の主導権を返却する

また、話を奪ってしまったら、気づいた時点で速やかに返してあげましょう。

A:ねえねえ聞いてくれる? 先週末に温泉に行ったの。

B:えっ、温泉!? 私も! 草津なんだけど、ひっどい目に遭って、もう二度と行きたくない。温泉って言ったら、やっぱり料理じゃない？　なのにその宿――。あ、ごめん私ばっかりしゃべって。Ａさんはどこの温泉に行ったの？

こうして、話の主導権を返却してあげるのです。
「過ちては改むるに憚《はばか》ることなかれ」のとおり、気づいた瞬間に方向転換できる人は、愛されます。

「全部話さない」というラリー技法

――会話を長く続けるテクニック

不完全な台詞を相手に投げかける

「気持ちいい会話」ができる人は、愛されます。どっかんどっかんと激しく盛り上がるばかりが能ではない。気持ちいい会話とは、「無理なくラリーの続く会話」です。テニスや卓球で交互にボールを打ち合うのをラリーといいます。野球のキャッチボールに喩《たと》えてもいいでしょう。相互のやり取りが無理なく続くと、気持ちいい。あなたは大好きな人と「気持ちいい会話」をしていますか？

ラリーの続く会話には、コツがあります。それは「すべてを話さない」というコツ。「不完全な台詞《せりふ》を投げかける」のです。

次の２例を比べてみましょう。

〔ラリーが続かない例〕

Ａ：今日は県民会館でエガちゃんのライブがあるらしいんだけど、そのせいで周辺の道路が渋滞して、いつもより１時間も早く出たのに間に合わなかった。申し訳ない。

Ｂ：そっかぁ。大変だったな。

Ａ：ああ。遅刻のせいで余計に飲み物を注文しただろうし、お詫《わ》びの意味も含めて、ここの支払いはオレが持つよ。

Ａさんの話し方で会話のラリーが続きにくいのは、「言いたいことを全部言っている」からです。

一文だけを取り出しても意味が十分に成り立つ、完全な台詞になっている。つまり、「自己完結」しているわけです。

会話のラリーを続けたいなら、自己完結してはダメ。相手の台詞と合わせて会話を完成させるのです。完成品には口出ししにくいでしょう。わざと不完全な形で示して、突っ込みどころを提供してあげるのがテクニックです。

相手のレスポンスを借りながら、話のラリーを作っていく例を見てみましょう。

〔ラリーが続く例〕

A：すまん、待たせた。

B：なんだよ、遅いぞ。

A：悪い。エガちゃんのせいで。

B：どういうことだよ。

A：エガちゃんのせいで渋滞だよ。

B：ライブでもあるの？

A：よくわかったな。県民会館だって。

B：県民会館!?　雰囲気合わないだろ。

A：だよな。人気があるってことだけはわかったが。

B：おれは30分も待たされたしな。

A：すまん。こんなに混むと思わなくて。

B：ライブがあるのは知らなかったのか。

A：知ってた。

B：だったら早く出ろよ〜。

A：出たよ。早起きして。
B：何時起き？
A：昼だけど。
B：早起きって言わないだろ。
A：でも、普段より1時間も早く出たんだよ。
B：本当か。
A：しかし、1時間半多くかかったか。
B：読みが甘いんだよ。
A：そこまで混むとは思わないだろ。とにかく悪かった。
B：ここの支払い、任せた。
A：ひでえ……。

先ほどのAさんの「遅刻のせいで余計に飲み物を注文しただろうし、お詫びの意味も含めて、ここの支払いはオレが持つよ」も、細切れにすれば印象が軽やかになって、ラリーが成立しやすくなります。

A：とにかく待たせて悪かった。
B：いや、もういいよ。
A：でも余計に注文しただろ、飲み物。
B：まあ、バナナジュースはお代わりした。
A：バ、バナナジュース飲んでんの!?
B：いいだろ別に。好きなんだよ。
A：じゃあお詫びにバナナジュースの支払いはさせてくれ。
B：えっ、だったらもう1杯飲んでいい？
A：バナナは1本までと決まってるだろ。
B：遠足かよ……。

「相手との協力で会話を作る」のがラリーを続けるコツです。職場で上司に報告するときでも、実はまったく同じテクニックが使えます。応用してみてください。

逆接や否定は相手にストレスを与える

ステキな女性の会話を聞いていると、「反論」が少ないことに気づくでしょう。

相手と摩擦を起こしてストレスを与える話し方をしないのです。

愛されるコミュニケーションがしたいなら、「反論しない話し方」を心掛けてみてください。

「それって、言いたくても我慢しろ、ということ？」と反発する人もいます。

そうではありません。そんな浅いレベルの話ではありません。言いたいことを、反論なしで伝えるのです。

次の会話を比べてみてください。

1．反論ありの例
A：私はイヌ派。
B：え〜っマジ!?　私は断然ネコ派。イヌ好きの感覚ってよくわからない。臭いし。

2．反論なしの例
A：私はイヌ派。
B：イヌ好きかぁ。私はネコ派だな。イヌは何か飼ってるの？

Aさんに与えるストレス量の違いが一目瞭然でしょう。

1は「あなたはイヌ派だが、私はネコ派」、2は「あなたはイヌ派で、私はネコ派」という意味構造になっている。

これはつまり、「A but B」と「A and B」の違い。前者はbutがストレスを与えるのです。

『交渉人』という映画に、「『ノー』という言葉は相手にストレスを与え、犯人を刺激するから、使ってはいけない」という台詞が出てきます。人質を取って立てこもった犯人と話し合いをする場面です。

逆接や否定の言葉は、聞き手にストレスを与えるわけです。

映画の中では、頭ではわかっていながら、しかも警戒していながらも「ノー」と口走ってしまい、人質を危険にさらしてしまいます。

さほどに言葉のコントロールは難しいのです。

批判的精神などおじさんにやらせよう

私たちは一人一人みんな違います。

当たり前のようなこの事実をもっと前向きに利用してもいいのではないでしょうか。

「一人一人みんな違うから、お互いを理解するには意見をぶつけ合ってすり合わせをしていく必要がある」という考え方にも、ある種の説得力があります。

しかし、「一人一人違って当たり前と理解できれば、衝突は起こらない」と考えたほうが、さらに前向きです。

イヌ好きとネコ好きが理解し合うために、イヌとネコの長所と短所を並べて論じ合ったところで、根源的な解決にはなりません。

「あなたがイヌ好きなら、それでいい。私がネコ好きなのも、それでいい」と捉えれば、真の相互理解に至ります。

「批判的精神が大事」などと、どこかで聞いたことがあるかもしれません。

しかし、何を見ても聞いてもケチをつけるような態度でいると、顔の筋肉が「ケチをつける人の顔」になってしまいます。

あなたの職場にも、何にでもケチをつけたがるおじさんがいるでしょう。顔を観察してみてください。決して愉快な顔つきはしていないはず。

能天気なくらいにいつもニコニコしている人は、必ず愛されますよ。

「3S」（政治、宗教、性）は語らない

——会話美人は断り上手

イイ女はつき合いが悪い

会話のタブー「3S」を知っていますか？

政治、宗教、性の頭文字をとって3Sです。

この3つのテーマについては、話題に出したり、会話に加わったりしないように気をつけましょう。

この三大禁忌テーマが相手との関係を良好にすることはありません。短期的に見ると話が盛り上がったり結束を強めたり距離が縮まったりするように感じるケースもありますが、長期的には決してプラスになりません。

相手がどんなに熱心に語りたがっても、あっさりサラッと流しましょう。

「イイ女はつき合いが悪い」のです。魅力的なイイ女は、はしたない話題にホイホイ応

じてつき合いません。

合気道の入り身投げのように、ぶつからずに流していなす技を身につけましょう。

あっさり流すのが最強かつ最善の策

「話し方」に関心があって勉強している人なら、３Ｓを他人に語るのは社会人として不適切であると自然に学びます。

しかし、社会性に乏しい人たちも大勢いて、職場で政治談義を持ちかけられたり、特定の政党を応援するよう迫られたり、酔っぱらって下ネタを振ってこられたりして、困惑する場面に遭遇する可能性があります。

そんなときは、秘技「聞こえないふり」を繰り出すと効果的です。

相手の言葉には一切反応せず、何事もなかったかのように「もうすぐお昼だ」「そろそろ充電しなきゃ」「あ、このパセリおいしい」などと、まったく関係のない台詞を口にするのです。

「別の支持政党がありますから」「うちはキリスト教なので、すみません」「最近セクハラで会社をクビになる人が増えているらしいですね」といった台詞を返すのも効果的ではありますが、正面からまともに受けて「相手と同じ土俵に上がってしまっている」点で、3Sの愚を犯しています。

あっさり流すのが最強かつ最善の策なのです。

秘技「聞こえないふり」、ぜひマスターしましょう。

2次会、3次会と残るのは残念な女性

2次会、3次会とだらだら残っているのは、たいてい「残念な女性」。

残念といっても、顔つきなど見た目を言っているのではありません。そういう「行動」が残念なのです。

イイ女は、決してつき合いが良くありません。

どうでもいい場に身を置くのは「人生の無駄遣い」だと知っているからです。

職場の忘年会や新年会も、どうせだらだらと酒を飲みながら無駄話をするだけだとわかっていれば、あっさり身をかわして姿を見せない。やがて周囲も「ああいう人だから」と理解して誘わなくなるので、有意義な時間の使い方ができるようになります。

とはいえ、自分が成長するための場には万難を排して参加するのだから、腰の重い出不精とは違います。

新潟の会場でおこなわれた「話し方」セミナーで、受講者たちと話していて驚きまし

た。

「宮崎から飛行機で来ました」「私は娘と一緒に北海道から」「京都から高速バスで」

そんな受講者がめずらしくない。「東京から新幹線で」なんて、むしろ多数派でした。このように自分を磨くための投資行動ができる女性は、数百キロの距離を隣町へ行く感覚で移動します。

だからこそイイ女には、だらだらと酔っぱらいの相手をするような時間の使い方はできないのです。

先に意思表示すれば、話は長引かない

イイ女は「魅力的な断り方」を知っています。

だから、軽やかにはっきり断ります。しかも、1秒でも早く断る。

「先に意思表示」をするのがポイントです。

A：　明日の合コンに来ませんか？
B：　私は行きませんけど、みなさんでよく集まるんですか？

こんな断り方です。

「私は行かない」という意思表示を先にしてしまうと、話が長引かないので、遺恨を残しません。これがもし、

C：明日の合コンに来ませんか？
D：えっ、みなさんよく集まるんですか？
C：月に1回ぐらいは集まって飲んでますよ。
D：そうなんですか……。どんな店に行くんですか？
C：いつもなんとなく決まってきちゃうんですよね。だいたい駅前です。電車で帰りやすいから。
D：そうですよね。帰りの交通手段は大事ですよね。
C：Dさんはどこにお住まいですか？
D：中央区です。
C：だったら電車が便利ですね。どうですか、明日。
D：あ〜、でも私、お酒飲まないんですよ。
C：ぜんぜん大丈夫ですよ。ウーロン茶もありますから。

D：　う〜ん、でも家でやりたいことがあって……。
C：　だったら今日のうちにやっておけばいいじゃないですか。
D：　あ、いえ、でも……やっぱりやめておきます。
C：　（だったら早く言えよ）

流されずに断りきれたのは大したものですが、話がムダに長引くのは相手にも失礼です。

だから、できるかぎり早い時点で明確に意思表示をしておくのがいい。それも、あまり重く真剣にならないように、呆気《あっけ》ないほどあっさり断る。

「イイ女はつき合いが悪い」「イイ女は断り上手」と覚えておきましょう。

イイ女は愚痴らない

――ステキな女性の話題の選び方

今この瞬間の過ごし方が、明日の顔になる

愛されるイイ女は、「好き」の話をします。

好き嫌いがはっきりしているので、「これは嫌い」「あれはイヤ」という話だって延々とできるけれど、やらない。

いつも好きな食べ物や好きな音楽、好きな人、好きな仕事、好きな計画のことばかり話しています。

だから魅力的な顔になっていく。

愛に恵まれない女性は、イヤな仕事、嫌いな人、つらい病気、不安な老後のことばかり話している。

だからますます険しい顔になっていく。

顔は、その人の考え方や生活態度を刻んでいきます。

会計士や税理士などお堅い職業の人は、長年の間にますます「きちんとした顔」になっていくし、接客業に就いて良い接客をしている人は、「心地よく柔らかい顔」になっていく。

日々自分に厳しく前向きに明るく生きている人は、年々魅力的な顔になるし、飲んだくれてパチンコ通いがやめられないような人は、口元に不満とだらしなさが刻まれた顔になってくる。

イイ女は「今この瞬間の過ごし方が、明日の顔になる」と知っているので、イイ女にふさわしい過ごし方を選ぶ。

だから、嫌いなものの話などしている暇がないのです。

叱られたときの行動が重要

上司に叱られたとき、愛されるイイ女は明日を考え、愛されない女は愚痴《ぐち》をこぼします。

モテるタイプは、「どうしたら明日はもっとうまくやれるだろうか」としっかり考える。モテないタイプは、「ねえねえ、ちょっと聞いて。ひどいでしょ」と愚痴を言い、他人までイヤな気分に巻き込む。

私は立場上、部下の女性の仕事のやり方について叱ったり苦言を呈したりすることもあります。

そんなとき重視しているのは、厳しい言葉を神妙な面持ちで聞いているときの態度ではありません。

そんなのは、誰でもできる。大事なのは、その後どうするか。

叱られた人が叱られた事柄について、明日には、あるいは次回までには改善できるように、真剣に考え行動するなら、必ず成功します。

そういうタイプは愛されるし、仕事でも重用される。

「叱られちゃった」と他人にこぼしているようでは、「改善」に向けて使うべきエネルギーが「空気抜け」を起こしてしまうので、成功しません。

そういうタイプは愛されず、やがて見放されます。

叱られたストレスを前向きに利用できるタイプは愛され、他人にしゃべることでストレスを逃がしてしまうタイプは愛されない。

叱られたストレスを「自分が成長するためのエネルギー」に変える人は、成長という好きなことで満たされるので、イイ顔になります。

愚痴をこぼす人は、「叱られた痛み」という嫌いなことを意識の中に置き続けるから、イヤな顔になっていく。

「私のつらさをわかってほしい」という気持ちはわかるものの、愚痴をこぼしている人の顔がまったく魅力的に見えないのは事実です。

「愚痴もストレス解消に少しは役立つ」なんて甘えたことを言っていないで、みっともない愚痴とはスパッとお別れしましょう。

「生き方」に関わることはやわらかく流す

先日、こんな相談を受けました。

「私はテレビをほとんど見ないんですけど、お笑い芸人とかアイドルの話ばかりしてくる同僚がいるんです。『くだらない話しないで』というのが本音ですけど、どう対処したらいいですか」

似たケースをもう一例挙げましょうか。

「アルコールを飲まない私に、ワインがどうのとか飲み会がどうのとか言われても困ります。『酔っぱらって過ごすのもダラダラ騒ぐのも嫌い』だとはっきり言ってしまってもいいものでしょうか」

なるほど、よくあるケースですね。

私もアイドルの事情には疎《うと》いし、酔っぱらいの相手は大嫌いなので、気持ちはよくわかります。

職場の同僚としてコミュニケーションをする意思はあっても、話を合わせるために同じテレビ番組を見たり、つき合いで飲み会に参加したりする気はさらさらないのでしょう。

すばらしい生活習慣です。ぜひ徹底的に貫いてください。

一つアドバイスをしましょう。そんなのは「はっきり言う」までもありません。

先述の3Sのように、「あっさり流す」のが最善です。

目くじらを立てたり、まともにやり合うのは、どちらかといえば愚策。「ワインですか。ステキですね〜」と軽やかに流して通り過ぎればいいのですよ。

それ以上の質問や反応をしなければ、相手だって「この人には不適切な話題だった」と悟るでしょう。

「くだらない話！」とか「この酒飲みが！」などとカリカリ反応していたら、あなたの美しさが損なわれてしまう。

「眼中にない」「感知するアンテナを持たない」ようになれば、ストレスにもなりません。「世の中にはあっても、私の世界にはない」という感覚です。

前向きで美しい生き方をしている女性は、この感覚を持っています。

食べ物や音楽の好き嫌いなら些細《ささい》なことですが、生き方に関わるような事柄については、むしろまともにやり合わないで「やわらかく流す」のがいい。

やり合わない、流されない。

「流される」のではなく「流す」のがイイ女のスタイルです。

メールはスクロールさせない

――コミュニケーションツールでわかるモテ度

モテない女はメールが長い

メールの長さとイイ女度は、比例します。モテない女性ほど、メールが長い。自分の意見や感想をだらだらと書き連ねます。

イイ女は必要最小限の簡潔なメールを書きながらも、その文面から優しさや温かみを感じさせます。ＰＣの画面を４回も５回もスクロールさせるのは、読み手に負担をかけすぎです。

「私だったら、長いメールをもらったらうれしいので」と言い訳しても、相手だって同じタイプとは限らないでしょう。自分本位に解釈するのは危険です。

メールは短いに越したことはありません。「ぶっきらぼうで乱暴に感じる」としたら、長さのせいではなく、ほかに原因があります（名詞の言いっぱなし、漢字の多用、一方的な指示など）。

挨拶《あいさつ》や会議が「短ければ短いほど良い」のと同様に、短いメールが最強なのです。

「相手が読みたがること」を優先する

愛されメールを書くのは、簡単です。

「自分が言いたいこと」より「相手が読みたがること」を優先して書きましょう。

非モテ女性たちは、当たり前のように——何がいけないのと言わんばかりに——自分の言いたいことを吐き出して送りつけてしまう。

そんなのは吐瀉物《としゃぶつ》や排泄物《はいせつぶつ》を送りつけるのと変わりません。確実に嫌われます。

メールを送信する前に一回でいいから読み直し、「受け取った相手がどう感じるか」を想像して、大丈夫だと判断してから送りましょう。

毎回いちいち読み直すのは面倒くさい？

だとしたら、長すぎるのです。カットできる不要な言葉をだらだらと並べている証拠。大胆にざっくり切り詰めたら、愛されメールになりますよ。

男性の返信は用事があるときだけ

メールに関してもう一つ、愛されるコミュニケーション方法があります。

それは、「返信を期待しない」ということです。送ったメールに返信がなくても、気にしないようにしましょう。

顕著に見られる男女差として、男性は「必要な通信しかしない」という傾向があります。「今週末、会おうよ」と彼を誘ったら「なんで？」と理由を聞かれた、と落ち込んでいたクライアントがいました。

女性にしてみたら「驚きの反応」も、男性にしたら「行動するには理由が要《い》る」のです。

もっとも、女性から食事に誘われて「なんで？」と聞き返すような男性は、鈍感すぎて人間関係の構築が困難なタイプか、あるいは「わかっていて、わざと突き放している」かのどちらかでしょうが……。

女性のほうが人間関係の調整を重視した感覚を持っているので、「朝起きたらおはようメール」「仕事帰りにお疲れさまメール」「寝る前におやすみメール」みたいなやり取りをする傾向が強い。

しかし男性から見ても、「情報として無意味」なメールを送る女性は身近に感じます。つまり男性は、「意味のない能天気なメールを送ってきて、まったく」などと口では言いながらも、喜んでいるのです。

逆に、このような「節目《ふしめ》メール（行動の節目に送るメール）」を面倒くさいと感じる女性は大切にされにくい。

まるで彼と一緒に過ごしているかのように、節目メールを送るといいですよ。

ただし、男性はその種のメール送信に意味を見出さないので、同レベルの返信は期待しないほうが精神衛生的に賢明です。

男性から返信があるのは、「用事があるとき」だけ。返事が来ないのを責めても、「用事もないのに、何を書けばいいんだ？」と困らせてしまいます。

節目メールは一方的に送るだけでいいのです。それだけで身近な存在に感じてもらえるのですから、お安いご用でしょう？

レスポンスは早いほど愛される

メールも電話も、レスポンスは早ければ早いほど愛されます。

仕事にも恋愛にも共通する「意識の法則」ですから、ぜひ覚えておいてください。

A．完璧なレポートを1日遅れで提出
B．不完全なレポートを期限前に提出

この2人を比較したら、Bの圧勝、Aは即死です。その差はレポートの質の差ではありません。行動力の差です。

大人のあなたなら知っているように、Aは即刻退場、次のチャンスはありません。Bは、仮にレポートの出来が悪くても、再戦のチャンスを与えられる可能性がある。

「兵は拙速を尊《たっと》ぶ」という言葉をご存じですか？「孫子の兵法」で有名な孫子の言葉です。拙速とは、「下手だけれど速い」こと。国の大事において、巧みな進軍より速い進軍が正解なのだ、という教えです。

どんなに完璧な作戦だとしても、遅れて時機を逃したら価値がない。だったら「少々危なっかしくても迅速な判断」のほうが百倍マシなのです。

恋の駆け引きなんて中高生のお遊び

こんな相談メールが、かつてクライアントから届きました。

「好きな人からメールをもらっても、速攻で返信したら安っぽいですよね。待ってました、みたいで。わざと遅らせて気を揉《も》ませたり、たまには返信しなかったりして、駆け引きしたほうがいいでしょうか」

何をバカなことをしているんですか。メールに気づかなかったなら仕方ないですが、わざと遅らせるなど愚の骨頂ですよ。

私に相談メールを書いている暇《ひま》があったら、一分でも早く返信してください。ほら、覚えているでしょう。「必要な通信しかしない」という男性の性質を。彼は「必要な情報」として返信を待っている可能性があります。

すばやく情報提供をしてあげるだけで、彼の信頼を勝ち得ることでしょう。

だいたい恋の駆け引きなんて、中高生のお遊びです。

本気で大人の関係を築きたいなら、駆け引きなんて言葉はあなたの辞書から抹消しましょう。そもそも、恋の駆け引きをした結果、ステキな恋愛関係へと至った経験など、一度でもありますか？

あるとしたら、残念ですが、その程度の男と戯《たわむ》れていたということです。本気で真剣に正面からどっぷり恋をする覚悟がないと、イイ男とはつき合えませんよ。

「なぜ」は多用しない

――まだまだあった！　恋を遠ざける非モテ話法

名詞で文末を言い切らない

先日行った餃子専門店にいたカップルがおもしろかった。

「はぁ？　ホントにそんなに食べんの？　はぁ？」

女性のほうが「はぁ？」を激しく連発していました。相手をバカにして軽視する口癖です。

バカにしているつもりがなくても、そう伝わってしまいます。

なにより、「はぁ？」と口にしている本人が一番バカっぽく見えてしまう。

外見で人を判断してはいけないと言いますが、言葉遣いに関しては内面が出ますから、「外見と中身はかなり一致している」と考えていいでしょう。

近年、男女の言葉遣いに差がなくなってきていると言われていますが、それでも違いはあります。

男っぽい口調が「かわいい」と許されるのは、よくて中高生まででしょう。気さくな女性は人気でも、乱暴な女性は嫌われます。

昨日もスターバックスにいた20代前半の女性たちが話していました。

「ねえ、何食う？」

「○○フラペチーノ」

「それ食いもんじゃねーし」

高校生同士なら「ねえ、何食う？」が通用したかもしれませんが、大人になればなるほどたった一言で人となりが判断され、扱い方を決められてしまいます。

たとえギャグでも「お前」「～しろよ」といった乱暴な言葉遣いは避けましょう。

こんな時代だからこそ、丁寧な話し方ができる女性は、高く評価されます。スターバックスにいた女性がそうだったように名詞で文末を言い切ると、丁寧な印象になりません。

「お昼は何が食べたい？」

「パン」

「パンって、サンドイッチとか？」

「いや、モス」

こんな話し方です。

丁寧さは大人の必須科目ですから、ぶっきらぼうで幼い話し方は卒業しましょう。

また、「話すのが苦手」だからといって都合が悪くなるとかたくなに黙り込むのは、大人の女性として誉められた態度ではありません。なぜなら、それはコミュニケーションの拒絶だからです。相手からの働きかけ（質問など）に対しては、「とにかく何か言う」ように心がけましょう。

イエス・ノーで答えられる質問ばかりで話さない

疑問詞（いわゆる５Ｗ１Ｈ）を用いた質問を「オープン・クエスチョン」と言います。「イエスかノーか」で答えられない質問のことです。

逆に、イエスまたはノーで答えられる質問を「クローズド・クエスチョン」と呼びます。

この項目についてはほかに比べてわかりにくいので、詳しく説明しましょう。

クローズド・クエスチョンばかりでは、会話が続きにくく、下手をすると不審尋問のようになってしまいます。

Ａ：今日は電車で来たんですか？
Ｂ：はい。
Ａ：電車は混んでました？
Ｂ：いいえ。
Ａ：そうですか。でも、街は人出が多かったでしょう？
Ｂ：はい、まあ。
Ａ：……。週末ですからね。
Ｂ：そうですね。

ちっとも盛り上がらない。
オープン・クエスチョンを使うと、会話を盛り上げたり深めたりすることができます。

Ａ：今日はどうやってこちらまで？
Ｂ：めずらしく電車に乗ってみました。

A：おや、私もですよ。何線ですか？
B：越後線です。
A：奇遇ですね。私もです。越後線は風に弱くて、強風ですぐ止まりますね。
B：本当に。雪にも弱いし。

このように、オープン・クエスチョンを混ぜて使うと「はい」「いいえ」だけで終われないので、会話が成立しやすくなります。

「なぜ」の連発はあなたを重い女にする

ただし、疑問詞の中で「なぜ」（why）には注意が必要です。理由を尋《たず》ねる「なぜ」は、相手に「あらためて理由を考える」負担をかけさせるため、重たくて面倒な会話になりかねません。気軽な会話にならないのです。

A：今日はなぜ電車で来たんですか？
B：なぜって、私はいつも電車ですよ。

A：　え、でも西区ならバスが便利なのに、なんでバスじゃないんですか？
B：　バスはけっこう高くつきますから。
A：　なるほど。しかしどういう訳で、同じ距離でもバスのほうが高いんですか？
B：　私に聞かれても……。
A：　え、なんで気にならないんですか？

こんなふうに立て続けに並べればさすがに気になりますが、単発の「なぜ」でも重いには違いありません。

A：　今日のランチは、駅前にできたパスタ屋さんに行ってきたよ。

この台詞に対して、

1. おいしかった？
2. 何食べたの？
3. なんでパスタにしたの？

比べてみると、3が圧倒的に「答えにくい」ことがわかるでしょう。

まずは2のオープン・クエスチョンを投げかけてみて、その答えに対して1のクローズド・クエスチョンを出し、その返答に「いいなあ。今度は一緒に行こうよ」とつなげるような流れが、最もスムーズでしょう。

「なぜ」をぶつけた途端、流れが滞《とどこお》ります。「なぜ」「どうして」と理由を聞きたがると「重い女」になってしまいますから、気をつけましょう。

相手を尊重し、丁寧な言葉遣いを心がけ、不都合に黙り込まず、名詞一つで答えるような横着をせず、「なぜ」は控えめにすると、軽やかで気持ちいいイイ女になれますよ。

第6章♣愛され続ける女になるための簡単トレーニング

一人で落ち込まないために
――不安を取り除くテクニック

ネガティブな思考はあなたをくすませる

数日前の彼とのデートは本当に楽しくて、思い出すだけで幸せを感じます。

「今度の日曜日も会えたらいいな。そうしたら、今度は――」

なんて想像しながらワクワクしています。そんなとき、彼から電話があって、こう告げられました。

「ごめん、今度の日曜日は急な仕事で会えなくなった」

その途端、あなたの気分はどん底に。

「どうして？　急な仕事って何？　会いたいって言ってくれたじゃない。私よりも仕事のほうが――」

おっと、それを言ったら女が廃《すた》る。でも言いたい。

だいたい彼っていつも仕事を優先して、私のことなんて後まわしなんだから。そう言えば最近はなんとなく愛情が足りない気もする。昔だったら私の都合に合わせて「会えるのか？ やったぁ」なんて喜んでくれたのに、最近は「予定を確かめてから連絡するよ」なんて醒《さ》めた感じ。去年のクリスマスだって仕事で会えなかったし、雑誌に「クリスマスや誕生日などのイベントに会ってくれなくなったらおしまい」って記事があったけど、私たちもう終わりなのかな……。

どうですか？ 「おいおい、何を一人で落ち込んでるんだ」と思いますか？ それとも共感してしまいますか？

これがマイナス思考の典型例です。

数日前のデートをポジティブな要素、今度の日曜日に会えないことをネガティブな要素とすると、ポジティブな思い出に浸《ひた》って楽しんでいたのに、ネガティブな刺激によって一転どんどんネガティブな方向に落ち込んでいく。

まるで、蟻《あり》地獄に落ちたかのように。これがマイナス思考です。

マイナス思考に陥《おちい》ると、ポジティブな要素が見えなくなります。数日前に彼が会ってくれたこと。それ以前に彼とおつき合いをしている事実。そんなことをすっかり忘れて、ネガティブなことばかり掘り起こします。

するとどうなるか。

彼が嫌がるのです。あなたと会うのが楽しくないし、重苦しいからです。だから、マイナス思考は愛されないのです。

マイナス思考はあなたをくすませます。ネガティブなことは考えないようにしましょう。

マイナス思考は自分のせい

「でも、そんなこと言われても、ネガティブなことをつい考えちゃうんだもん。自然に浮かんでくるんだもん」

そんなふうに思いますか？

それはそうでしょう。何も好きでネガティブなことをほじくり返して落ち込んでいるわけではありませんよね。

ネガティブなことを考えるのが良くないことはわかっている。でも、考えてしまう。あなたの中で、ネガティブな内容の映画が勝手に再生してしまうからです。ネガティブな出来事は、すべてあなたの脳の中の同じ一本の映画に収録されています。そのせいで、ネガティブな気持ちになると、過去に同じようにネガティブな気持ちになったときのことを思い出してしまうのです。

これは女性に顕著な傾向です。男性は違いますから、念のため。

しかも、映画を再生するということは、その出来事を再体験するのと同じなのです。

どういうことでしょうか。

簡単に言い換えましょう。イヤな出来事を思い出すということは、そのイヤな出来事をもう一度味わうことにほかならないのです。そうやって、イヤな思い出の記憶をどんどん強化してしまうのです。

先ほど、マイナス思考の蟻地獄に落ちた例がありましたね。そんな心の動きに共感した人は多いと思います。

でも、ぜんぜん共感しない人もいるんですよ。

つまり、ネガティブな思考の持ち主は、「イヤだイヤだ」と言いながら何度もイヤな思い出を反芻《はんすう》して記憶を強化しているのに対して、ポジティブな思考の持ち主は、たとえイヤな経験をしても何度も反芻しないので、どんどん記憶が薄らいでいくのです。

マイナス思考は自分のせいなのです。

ネガティブな思い出をほじくり返す習慣を断ち切らないかぎり、勝手にネガティブな思い出が浮かんできて、あなたを苦しめます。

頭の中でリモコンの停止ボタンをイメージ

そんなネガティブな習慣を断ち切る技が、〈リモコンの停止ボタン〉をイメージすることです。

頭の中か胸の中のどちらか、あなたがやりやすいほうに、映画を再生するリモコンがあるとイメージしてください。

簡略化されたリモコンでいいので、できるだけリアルにイメージしましょう。このリモコンは、あなたの思考をコントロールします。

リモコンのボタンの中で、このトレーニングにおいてもっとも大切なのは停止ボタンです。

停止ボタンを押すと、あなたの思考が一時的にストップします。さあ、あなたの中に思考を制御するリモコンが完成しました。

使い方は次のとおりです。

1. ネガティブな思考に気づいたら、すぐにリモコンをイメージする
2. 目を閉じて、停止ボタンをピッと押す。「ピッ」と実際に声に出しても良い

3．ネガティブな思考が停止したら、すかさずポジティブなことを意識的に考える

「ポジティブなことを意識的に考える」と言われても、慣れないうちは難しいものですが、彼についての楽しい思い出を引き出すのが慣れるためには良いでしょう。彼とはまったく関係ない、たとえば「今夜は大好物のうなぎを食べよう」なんていうのでもいいですよ。

いつもリモコンを使うように心がけていると、やがてリモコンが不要になるくらい、ネガティブな思考の習慣が消えていきます。

みるみる気持ちが楽になりますよ。

「つい○○してしまう」を変える
――幸せ体質になるトランストレーニング

トランスに入れば行動に無理がなくなる

本書で学んできたことをあなたの中に取り込むには、変性意識状態（トランス）に入る必要があります。

トランスに入って潜在意識を良い状態にしていくと、「頭でわかっていること」と「興味の対象」が一致してきます。

行動に無理がなくなるのです。

以前は「頭ではわかっていても、ついタバコに手が伸びる」「ダメだとわかっていても、どうしてもパチンコがやめられない」といった状態があったかもしれない。

暴力を振るうギャンブル好きのダメ男と別れられず、「でも好きだから」なんていうのも同じ。

望ましくないものが好きだったり魅力的に見えたりするのは、潜在意識に歪《ゆが》みがあるからです。潜在意識の内容が変わってくると、自分の魅力を高めない物事に「反応しない」「見向きもしない」ようになります。

まるで自分の世界からタバコやパチンコがなくなったかのように、意識に上らなくなるのです。

フローに入れば幸せ体質

潜在意識の内容がキレイになると、「フロー」と呼ばれる心身状態を引き起こしやすくなります。

これはハンガリー出身で米国の心理学者ミハイ・チクセントミハイの用語で、「流れ（フロー）に乗っている感覚」を意味します。

高い能力を発揮するにはフロー状態になるのが不可欠であるとされ、フローとはすなわち「良質な深いトランス」と言えます。

フローに入って過ごしていると、幸せ体質になっていきます。イライラしたり落ち込んだりすると、そのたびにフローから抜け出てしまう。いかにフローを保つかが、あなたの幸せと成功を決めるのです。

フローに入って仕事をする人は、必ず成功します。いつもフローに入って過ごすために、「自力でトランスに入る技術」を身につけましょう。

考えるのではなく感じる

トランスに入る方法はいろいろありますから、中でも独習しやすいテクニックを教えます。

手順は次のとおりです。

1. 椅子に座るか、または横たわり、全身の筋肉を極限まで緩めていきます
2. 呼吸は深くゆったりと、静かにおこないます。息をするたびに力が抜けていくのをイメージしましょう
3. 脱力が進んで身体感覚が薄らいできたら（自分がどんな姿勢でいるのかがわからない感覚）、意識が下方へスーッと落ちていくのをイメージします。慣れたら脱力と同時にイメージを始めるといいでしょう
4. 「これ以上深く降りられない」という限界まで降りたら、そのときの心身感覚を覚えておいてください。次回はその深さまで一気に入ってから、「もう少しだけ深

く」とイメージします。繰り返すたびに「最深部」が深まっていくわけです。1週間ほど毎日続けて、最深部を更新していってください。どこまで深いイメージに達するかで、トランスの成果が決まります

5．トランスの最深部で、「なりたい自分」になっている様子をイメージします。五感のすべてを使って臨場感たっぷりに、限界までリアルに感じてください。今まさに体験しているように、まるで映画の登場人物になりきるイメージ（アソシエート）と、その映画を自分が観ているイメージ（ディソシエート）の両方をおこなうのがコツです

トランストレーニングでは、「イメージによる意識コントロール」が生命線です。イメージ力が弱い人は、トランスを自力で深めることができません。

たとえば自分がネコになったとイメージしたとき、「ええっと、四つんばいで歩いたほうがいいのかな。ニャーニャー鳴けばいいのかな」などと頭で考えてしまうのが現代人の弱いところ。

イメージ力に優れた人は、四つんばいとかニャーニャーとか考えるまでもなく、キャットフードがおいしそうに見えてきます。

本書で「イメージ」という言葉を使うときは、そういうレベルの強烈なイメージを意味しています。

頭で考えているうちは、トランスの入り口にも立っていませんよ。従来の思い込みから自分を解放するために顕在意識を後退させるのがトランスに入る目的です。

考えるのではなく、感じてください。

達成したい目標にゴムひもをかける

トランスに入ったら、「なりたい自分」を強くイメージします。

このとき、「なりたい」と念じるのではありません。「すでにそうなっている」と完全に思い込むほど強烈にイメージするのです。

キャットフードがおいしそうに見えてくるという例のとおり、自分がネコであることに微塵《みじん》の疑いもない状態になっているわけです。

「なりたい」と願っているうちは、「現実は違う」という暗示となって実現を妨《さまた》げます。

この心理メカニズムは重要です。同様の理由で他人を羨《うらや》んだり、成功者を妬《ねた》んだりするのは、「自分は違う」と自己暗示を強化する行動なので、目標から遠ざかります。

誰かが持っている物を欲しいと思ったら、「いいなあ。私も欲しいなあ」と羨むより、「それちょうだい」と本気でお願いするほうが、確実に目標に近づくのです。トランスに入って顕在意識を後退させ、目標とする状態を潜在意識に叩き込むと、無理なく自然にゴールにたどり着きます。

このメカニズムについても簡単に解説しておきましょう。

顕在意識に邪魔されることなく、ゴールから現在の自分までまっすぐに線が引かれます。この線は、強力なゴムひものようなもので、あなたをゴールに向けて引っぱり続けます。

無意識のうちに、すべての行動が「ゴールに近づくのに役立つ行動」になっていくのです。

目標が達成できるかどうかは、「一点集中力」と「持続力」で決まります。一点集中が持続しているのが、すなわちフロー状態です。

多くの人は、目標達成に役立たない、または妨《さまた》げになるような事柄や行為に気を取られ、ふらついてしまいます。

興味の対象がブレるのです。

まずはトランスに入り、達成したい目標にゴムひもを引っかけましょう。

※　トランス技法は独習用です。他人には絶対に施《ほどこ》さないでください。この方法は他人への働きかけには使える技法ではありませんので、万が一何かあったら専門家でないと対処できません。

※　本格的にトランス誘導を受けたい場合は、東京と新潟で毎月開催している「魅力アップ講座」の受講をお勧めします。

ずっと愛され続ける自分になる
――内言語をキレイにするトレーニング

キレイな内言語は愛される

先述したとおり、内言語がキレイな人は愛されます。潜在意識が澄んでいる証拠だからです。

「口汚く罵《ののし》りたいこともある。人間だもの」みたいなのはいけません。

そういうタイプは、周囲から一定の理解は得られるものの、愛され大切にされるわけではない。

「人間だもの」「聖人君子ではないから」などと自分を甘やかす切り札を使う人は、実は「他人に厳しく、自分に甘い」タイプです。

あなたには、大好きな彼にずっと愛され大切にされる女性になってほしい。

だから、妙な常套句《じょうとうく》で自分を甘やかす必要がないように、「内言語の浄化」を進めていきましょう。

望ましくない内言語は言い換える

内言語は、潜在意識から出てきます。内言語は、言わば「考え方」「感じ方」です。飲食店で子どもが騒いでいるときに、「子どもだから騒ぎたくなるよね」と思う人と、「うるさいクソガキ！　だから、子どもは嫌いなんだ」と感じる人がいる。同じ状況にいても、人によって感じ方が違うのは、潜在意識の内容が違うからです。内言語浄化トレーニングは、簡単です。浮かんでくる内言語を監視して、望ましくない内言語が出てきたら、「言い換え」を考えてください。

言い換えに正解があるわけではありません。

あなたの目指す自己像に似つかわしい考え方なら、それでいい。

出されたドーナツを一口食べて「なにこれクソまずい」と感じたとき、「あまりおいしくない」と言い換えができて満足ならそれでいいし、「私には甘すぎる」という言い換えを思いついたら、それでもいい。「口に合わない」は大人な女性に似つかわしいですね。

このトレーニングを繰り返し、やがて「なにこれクソまずい」と汚い言葉を言ってしまうレベルを卒業できたら、トレーニング成功です。

やがて、自分にとって望ましいと思える言葉や感覚しか出てこなくなります。

そうなった頃には、大好きな彼にたっぷりかわいがられる幸せを堪能していることでしょう。

モテ声はどうやって出すんですか

——最高の声を出す共鳴発声法レッスン

モテ声は人それぞれ異なる

「共鳴発声法」(Resonance Speech Technique, RST) をご存じですか?

話し方に興味があったり、発声を教える立場だったりしないと、一般にはあまり知られていないかもしれません。

イタリアの古典的な歌唱法ベルカントをもとにして開発された、話し声の標準的発声法です。今では、全国の発声指導者たちが学び、教えています。

「歌うならベルカント、話すなら共鳴発声法」と覚えておきましょう。

なぜか最近、「モテ声はどうやって出すんですか」と取材でよく質問されます。

「なんですか、モテ声とは?」と聞き返してみると、「異性にモテる声」という意味で使っているらしい。

「えっ、専門用語じゃないんですか」と意外そうな顔をされたこともありましたが、こっちが驚きですよ。どう考えても声楽や音声学の専門用語ではないでしょう。「モテ声」ですよ。

異性から好印象を持たれやすい声という意味なら、わかります。「モテ声＝共鳴発声法」です。

共鳴発声法は、あなたの楽器――発声器官――にとって最高の声を出す技術です。

一人一人の発声器官が異なる以上、「最高の声」も一人一人違います。

ピアノで最高の音を出せば、聴き手はうっとりする。バイオリンで最高の音を出せば、聴き手はゾクッとする。フルートで最高の音を出せば、聴き手は涙する。

ピアノだから良いとか、バイオリンではダメとか、そういうものではありません。

逆に、名器と呼ばれる最高級の楽器でも、下手な人が弾いたら聴き手を怒らせる。

あなたの発声器官から最高の音を引き出す技術が、共鳴発声法なのです。

つまり、モテ声を定義するなら、「共鳴発声法で引き出した、その人にとっての最高の声」ということになります。

あなただけのモテ声を出してみましょう。

共鳴発声法で話してみよう

共鳴発声法を完璧にマスターするには数年を要しますが、ここでは簡単に基礎レベルが押さえられる即席レッスンをします。

〔壁押しトレーニング〕

壁に両手を当て、押しながら声を出します。ぐっぐっと断続的に押しながら、タイミングを合わせて「あっ、あっ」と声を出してみましょう。

横隔膜で「声の支え」を作るトレーニングです。

芯のあるしっかりした声が出たら、そのときのお腹の感覚を覚えておきます。

壁を押さなくても同じ声が再現できるようになったら合格です。

〔「ほっほっ」トレーニング〕
壁押しトレーニングで覚えたお腹の感覚をキープしながら、「ほっ、ほっ、ほっ」と声を出します。喉《のど》や口から声を出すのではなく、お腹でポンッと打ち出した声が眉間から出ていく感じになれば、上手にできています。

口蓋《こうがい》（口の中の天井部分）に響きを感じるかもしれません。

口の中を縦に開き、高めの声で練習すると感覚がつかみやすいでしょう。お腹に手を当てて、動きを感じながらやるのも良いかもしれません。

「ほっ、ほっ、ほっ」とするたびに、喉や口より上のほうに確実に響き（共鳴）が感じられるようになったら合格です。

〔音読トレーニング〕

「ほっほっ」トレーニングでつかんだ響きを逃さないようにしながら、音読します。好きな文章を選んで、ナチュラルに聞こえるように読んでください。

「楽器の練習をしている」つもりで、何度も反復練習しましょう。

録音した自分の音読を聞いてみて、共鳴を捉えながらもナチュラルに聞こえる読み方ができるようになったら合格です。

上ずったような、芝居がかったような声になっているうちはまだダメですよ。捉えた共鳴を、自然に聞こえる話し方にまで落とし込むのです。

録音・再生を繰り返しながら、納得いく話し方になるまで練習しましょう。

エピローグ
――ほら、一段とイイ女に

7回読むことで意識の法則は浸透する

この本は、「大好きな彼にずっと愛され大切にされたい女性」のために書きました。

そう、あなたのための本です。

意識と言語の専門家として、人間関係――特に男女関係――に関する相談を受け続けてかれこれ17年。

幸せになれた女性と、なれなかった女性がいました。

幸せになれたのは、「意識の法則」を知っただけでなく実践できた人。幸せになれなかったのは、実践できなかった人。

あなたは、絶対に幸せになってください。

本書でお伝えしたことを潜在意識にしっかり取り込むと、必ず幸せになれます。

「潜在意識は反復に弱い」と先述しましたね。また、心理学に「マジカルナンバー7」という言葉があります。人間の意識にとって、なぜか7は特別な数字のようです。ですから、7回は読んでください。7回読むことで、「意識の法則」があなたの中に浸透し、幸せの火種となるでしょう。

この本を繰り返し読んだあなたは、ほら、一段とイイ女になりました。

あなたの幸せを、心から応援しています。

もっと深く学びたいあなたへ

以前に受講者から、「先生の講演会や講座に出てもっと勉強したいのに、本の中に情報が載っていないので調べるのが大変でした」とこぼされたことがあります。

「読むだけで独習できるように、本だけで完結できるように」というポリシーで、あえて記載を控えていたからです。

しかし、妙なこだわりのせいで、「もっと学びたい」という欲求を迷子にしてしまうのは私の本意ではありません。

特に、捉えにくい「声」については、講座に出たり直接指導を受けたりしたいとのご希望もあるでしょう。

そこで、講座やレッスンの情報を研究所のウェブサイトに書いておきますので、興味があったら覗《のぞ》いてみてください。

言語戦略研究所　(http://wsi-net.org/)

・季節の講座（春の講座、夏の講座など、季節ごとに年4回おこなわれる言葉と意識の講座）
・魅力アップ講座（東京と新潟で毎月開催されている潜在意識トレーニング講座）
・声のサロン（良い声で話せるようになる話し方教室）
・個人レッスン（本格的に発声を習いたい方が対象）

著者

本書は2005年9月に刊行された『魅力革命』(コンシャスプレス)を、文庫化にあたり再編集したものです。

齋藤匡章－1970年、群馬県に生まれる。新潟大学人文学部卒業後、同大学院で言語学を専攻し、心と言葉の関係について研究を深める。1996年に心理カウンセラーとして都内で開業、人間関係や心理学に関する相談を広く扱う。また、日本発声協会が正式に認定する発声診断士（ボイストレーナーの最高位資格）であり、東京と新潟を中心に発声法や話し方のセミナーを開催するなど活動を展開。2007年に言語戦略研究所所長に就任。新潟市で英国紅茶サロン「メイフェア」を経営し、アコーディオンを弾きながらベルカントで歌うナポリターナ歌手でもある。
著書には『「いい女の理由」「イヤな女の理由」』（三笠書房）、『ワガママ上手で愛される！』（アスペクト）、『コトバを変えなきゃ売れません。』（サンマーク出版）、『ケンタイ期を乗り越えて彼とずっと幸せになる方法』（すばる舎）などがある。

講談社+α文庫　恋《こい》が叶《かな》う人《ひと》、叶《かな》わない人《ひと》の習慣《しゅうかん》

齋藤匡章《さいとうまさあき》　

2012年 8 月20日第 1 刷発行

発行者――――鈴木 哲
発行所――――株式会社 講談社
東京都文京区音羽2-12-21 〒112-8001
電話 出版部(03)5395-3529
販売部(03)5395-5817
業務部(03)5395-3615
カバーイラスト―はやさきちーこ（CWC）
デザイン―――鈴木成一デザイン室
カバー印刷――凸版印刷株式会社
印刷――――慶昌堂印刷株式会社
製本――――株式会社千曲堂

落丁本・乱丁本は購入書店名を明記のうえ、小社業務部あてにお送りください。
送料は小社負担にてお取り替えします。
なお、この本の内容についてのお問い合わせは
生活文化第二出版部あてにお願いいたします。
Printed in Japan ISBN978-4-06-281484-3
定価はカバーに表示してあります。

講談社+α文庫 Ⓐ生き方

書名	著者	内容	価格	番号
昭和の皇室をゆるがせた女性たち	河原敏明	事実は小説より奇なり。閉ざされた「菊の世界」に生きる女たちの麗しきスキャンダル！	686円	A 5-5
男の気持ちがわからない君へ	秋元 康	男たちの本音とは？ 彼の仕事や義理を理解できれば、金屏風《きんびょうぶ》の前に立たせるのも簡単！	500円	A 20-9
ハードボイルドに生きるのだ	向井万起男	「がん細胞」から「大リーグ」「読書日記」まで知的ユーモアがいっぱいの珠玉エッセイ集！	743円	A 33-4
新装版 君について行こう 上 女房は宇宙をめざす	向井万起男	『宇宙兄弟』の小山宙哉の装画で甦った、宇宙飛行士になった妻と夫の切ない愛情物語	686円	A 33-5
新装版 君について行こう 下 女房と宇宙飛行士たち	向井万起男	人気コミック『宇宙兄弟』が生まれるきっかけになった、明るく切ない夫婦のドラマ	743円	A 33-6
新装版 続・君について行こう 女房が宇宙を飛んだ	向井万起男	大人気コミック『宇宙兄弟』の〝原点〟は、ここにある。思わず泣ける夫婦愛の物語	838円	A 33-7
いわさきちひろ 知られざる愛の生涯	黒柳徹子 飯沢 匡	天才画家の知られざる素顔、そこには激動の戦中戦後を鮮烈に生き抜いた、苦闘の姿が!!	780円	A 37-1
*母ちひろのぬくもり	松本 猛	若き日の母、アトリエの母、絵のなかの母——芸術家として生きたちひろの姿を息子が語る	680円	A 37-2
妻ちひろの素顔	松本善明	やさしさと強さを秘めた人間いわさきちひろの人生。夫が語るちひろの心、思想、人生観	640円	A 37-3
エグザイルス すべての旅は自分へとつながっている	ロバート・ハリス	世界を放浪しながら「自分」へと辿《たど》り着くまでの心の軌跡。若者がバイブルと慕う一冊！	680円	A 42-1

*印は書き下ろし・オリジナル作品

表示価格はすべて本体価格(税別)です。本体価格は変更することがあります